Lester Rodríguez Acosta

Caracterización de la Programación Orientada a Aspectos (POA)

Lester Rodríguez Acosta

Caracterización de la Programación Orientada a Aspectos (POA)

Concepciones, características y aspectos ventajosos correspondientes al Paradigma de Orientación a Aspectos

Editorial Académica Española

Impresión

Información bibliográfica publicada por Deutsche Nationalbibliothek: La Deutsche Nationalbibliothek enumera esa publicación en Deutsche Nationalbibliografie; datos bibliográficos detallados están disponibles en internet en http://dnb.d-nb.de.

Los demás nombres de marcas y nombres de productos mencionados en este libro están sujetos a la marca registrada o la protección de patentes y son marcas comerciales o marcas comerciales registradas de sus respectivos propietarios. El uso de nombres de marcas, nombre de producto, nombres comunes, nombre comerciales, descripciones de productos, etc. incluso sin una marca particular en estas publicaciones, de ninguna manera debe interpretarse en el sentido de que estos nombres pueden ser considerados ilimitados en materias de marcas y legislación de protección de marcas y, por lo tanto, ser utilizadas por cualquier persona.

Imagen de portada: www.ingimage.com

Editor: Editorial Académica Española es una marca de
LAP LAMBERT Academic Publishing GmbH & Co. KG
Heinrich-Böcking-Str. 6-8, 66121 Saarbrücken, Alemania
Teléfono +49 681 3720-310, Fax +49 681 3720-3109
Correo Electronico: info@eae-publishing.com

Publicado en Alemania
Schaltungsdienst Lange o.H.G., Berlin, Books on Demand GmbH, Norderstedt,
Reha GmbH, Saarbrücken, Amazon Distribution GmbH, Leipzig
ISBN: 978-3-8473-6634-8

Imprint (only for USA, GB)
Bibliographic information published by the Deutsche Nationalbibliothek: The Deutsche Nationalbibliothek lists this publication in the Deutsche Nationalbibliografie; detailed bibliographic data are available in the Internet at http://dnb.d-nb.de.

Any brand names and product names mentioned in this book are subject to trademark, brand or patent protection and are trademarks or registered trademarks of their respective holders. The use of brand names, product names, common names, trade names, product descriptions etc. even without a particular marking in this works is in no way to be construed to mean that such names may be regarded as unrestricted in respect of trademark and brand protection legislation and could thus be used by anyone.

Cover image: www.ingimage.com

Publisher: Editorial Académica Española is an imprint of the publishing house
LAP LAMBERT Academic Publishing GmbH & Co. KG
Heinrich-Böcking-Str. 6-8, 66121 Saarbrücken, Germany
Phone +49 681 3720-310, Fax +49 681 3720-3109
Email: info@eae-publishing.com

Printed in the U.S.A.
Printed in the U.K. by (see last page)
ISBN: 978-3-8473-6634-8

Tabla de contenidos

Tabla de Contenidos

INTRODUCCIÓN

INTRODUCCIÓN.

Durante la evolución de la Ingeniería del Software, se ha podido apreciar la descomposición de un sistema complejo en partes que sean más fáciles de manejar, aplicando el dicho popular conocido como "divide y vencerás". (Asteasuain and Contreras, 2002)

Relacionado con esto encontramos el principio de separación de incumbencias que plantea que un problema dado involucra varias incumbencias que deben ser identificadas y separadas. Las incumbencias son los diferentes temas o asuntos de los que es necesario ocuparse para resolver el problema. Al separar las incumbencias, se disminuye la complejidad a la hora de tratarlas y se puede lograr una mejor adaptabilidad, mantenimiento, extensibilidad y reutilización en el código del producto terminado. (Kicillof, 2004)

En los comienzos de la computación los programas no tenían separación de conceptos, datos y funcionalidades, o sea no existía una línea que los dividiera claramente y tenían una estructura de control de flujo compleja y primitiva como por ejemplo el uso de la sentencia goto, estos programas eran semejantes a un plato de espaguetis, un montón de hilos intrincados y anudados, naciendo así el término **código espagueti** para clasificarlos.

Posteriormente se comenzó a aplicar la llamada **descomposición funcional**, identificando las partes más manejables como funciones que se definen en el dominio del problema, facilitando la integración de nuevas funciones, aunque estas quedan a veces poco claras debido a la utilización de datos compartidos, quedando estos esparcidos por todo el código, con lo cual, integrar un nuevo tipo de datos implica que se tengan que modificar varias funciones.

Un gran paso en el desarrollo de la ingeniería del software fue el surgimiento de la **Programación Orientada a Objetos (POO)** ya que logra un gran avance en el principio de la descomposición basándose en conceptos como la herencia, encapsulado y polimorfismo, con este paradigma es fácil la integración de nuevos datos, aunque también quedan las funciones esparcidas por todo el código y todavía para realizar la integración de nuevas funciones hay que modificar varios objetos.

Con el objetivo de lograr una mayor descomposición de los sistemas surge la Programación Orientada a Aspectos (POA) es una nueva metodología de programación que intenta separar los componentes y los aspectos unos de otros, proporcionando mecanismos que hagan posible abstraerlos y componerlos para formar todo el sistema.

POA es un desarrollo que sigue al paradigma de la orientación a objetos, y como tal, soporta la descomposición orientada a objetos, además de la orientada a procedimientos y la descomposición funcional. Pero, a pesar de esto, POA no se puede considerar como una extensión de la POO, ya que puede utilizarse con los diferentes estilos de programación ya mencionados. (Quintero, 2000)

El primero que comenzó a utilizar ideas orientadas a aspectos fue el equipo remeter (Lieberherr) alrededor de 1991 centrándose en la Programación Adaptativa, donde los programas se descomponen en varios bloques constructores de corte y agregaron comportamiento de estructura, poco después Cristina Lopes propuso la sincronización y la invocación remota como nuevos bloques. Este mismo grupo formuló en 1995 una definición primitiva de aspecto: *Un aspecto es una unidad que se define en términos de información parcial de otras unidades.* (Quintero, 2000)

Debido al trabajo de Cristina Lopes y Karl J. Lieberherr con Gregor Kiczales y su grupo se introdujo el término Programación Orientada a Aspectos con su propia definición y terminología, considerándose a Kiczales como el creador de este nuevo paradigma, teniendo como principales objetivos separar conceptos y minimizar las dependencias entre ellos.

Por lo tanto el **Problema de Investigación** a resolver es el siguiente:

El paradigma de la orientación a aspectos es una nueva concepción de comprensión de los requerimientos y el planteamiento de los procesos y reglas de negocios que coadyuven a una mejor comprensión y simulación computacional de problemas reales, que trata de superar ciertas limitaciones de representación y abstracción del paradigma orientado a objetos. El mismo no ha sido lo suficientemente estudiado en nuestro medio y por tanto se hace necesario estudiar y comprender sus concepciones, métodos y herramientas, para intentar aplicarlo rápidamente en la solución computacional de diferentes tareas de automatización de nuestra sociedad.

Acorde con la problemática referida nos trazamos los objetivos siguientes:

Objetivo General

Hacer un análisis de las concepciones, características y aspectos ventajosos correspondientes al Paradigma de Orientación a Aspectos, así como investigar y probar métodos y herramientas aplicadas a la Programación y la Ingeniería del Software Orientada a Aspectos, que permitan proponer su aplicación en diferentes problemas de desarrollo de software.

Objetivos Específicos

- Analizar y sintetizar las características de la Programación y la Ingeniería del Software Orientada a Aspectos, haciendo hincapié en las ventajas y desventajas con respecto a paradigmas previos.

- Investigar y probar métodos y herramientas ya existentes para trabajar con este paradigma, y proponer mejoras si fuese imprescindible.

- Implementar una aplicación sencilla utilizando **POO** y **POA**, que nos permita establecer claramente las diferencias (ventajas y desventajas) entre ambos enfoques.

Teniendo en cuenta el problema se formularon las siguientes **Preguntas de Investigación:**

- ¿Cómo influyen las características distintivas de la Programación Orientada a Aspectos, en la productividad del proceso de Ingeniería del Software de Sistemas de Información u otros software en general?

- ¿Qué ventajas posee la Programación Orientada a Aspectos, y cuáles desventajas con respecto a la Programación Orientada a Objetos y la Programación Estructurada?

- ¿Es el AspectJ un lenguaje que permite desarrollar con facilidad sistemas con las ventajas de la POA?

- ¿Se puede usar el Lenguaje Unificado de Modelado (UML) para el análisis y diseño de sistemas orientado a aspectos o será necesario agregar nuevos conceptos de modelación?

Para solucionar el problema científico antes planteado, se desarrolló una investigación, cuya **Hipótesis** es la siguiente:

El estudio y comprensión de las concepciones, características, aspectos novedosos, métodos y herramientas correspondientes a la Programación Orientada a Aspectos muestra una serie de ventajas al compararlo con paradigmas anteriores como la Programación Orientada a Objetos, en cuanto a la productividad en el proceso de desarrollo de software, que necesitan ser aplicados lo más rápidamente posible en nuestro medio. Entre las herramientas analizadas el AspectJ ofrece facilidades usualmente consideradas en la teoría y el UML como lenguaje de modelado se puede utilizar también en este sentido.

Estructura del trabajo

El siguiente trabajo se ha estructurado en los siguientes capítulos:

Capítulo 1. *Conceptos Iniciales de la Programación Orientada a Aspectos*. En ese se abordan los conceptos principales de la Programación Orientada a Aspectos, así como varias de sus características. Se tratan los dos tipos de lenguajes orientados a aspectos y se hace una descripción breve de los más desarrollados. Se realiza además una descripción del entrelazado final a través de los tejedores.

Capítulo 2. *El diseño en la programación orientada a aspectos y características del lenguaje AspectJ*. En ese capítulo se aborda la etapa de diseño en la Programación Orientada a Aspectos, abordando la extensión del Lenguaje Unificado de Modelado (UML) que soporta dicho paradigma. Además se analizan las características del AspectJ, un lenguaje orientado a aspectos de propósito general. También se analizan las ventajas y desventajas de dicho lenguaje.

Capítulo 3. se especificará la instalación del AJDT 1.6.4 en el Eclipse 3.4 con el objetivo de implementar una aplicación orientada a aspectos en AspectJ y una orientada a objetos en Java que me permita realizar una comparación entre ambos paradigmas. Posteriormente se presentan las Conclusiones y Recomendaciones de la investigación y la Bibliografía consultada para la misma.

El presente trabajo está enmarcado en el Laboratorio de Programación e Ingeniería del Software del Centro de Estudios de Informática de la Universidad Central "Marta Abreu" de Las Villas.

CAPÍTULO 1. CONCEPTOS INICIALES DE LA PROGRAMACIÓN ORIENTADA A ASPECTOS.

En este capítulo se abordarán los conceptos principales de la Programación Orientada a Aspectos, así como varias de sus características. Se tratarán los dos tipos de lenguajes orientados a aspectos y se hará una descripción breve de los más desarrollados. Se realizará además una descripción del entrelazado final a través de los tejedores.

1.1 ¿Qué es un aspecto?

Gregor Kiczales y su grupo, brindan un marco adecuado que facilita y clarifica la definición de un aspecto. Lo que propone es agrupar los lenguajes orientados a objetos, los procedurales y funcionales como lenguajes de procedimiento generalizado (LPG), ya que sus mecanismos claves de abstracción y composición pueden verse agrupados bajo una misma raíz, teniendo la misma forma de un procedimiento generalizado. Aquí no es que se obvien las ventajas de determinados lenguajes, como por ejemplo los orientados a objetos, solo que es más simple centrar la atención en lo que es común a través de todos los LPG. (Gregor Kiczales and Jean-Marc Loingtier, 1997)

Debido a lo antes planteado podemos definir dos importantes términos con respecto a un sistema y su implementación usando LPG; al momento de implementar una propiedad, esta tomara una de las siguientes formas: (Gregor Kiczales and Jean-Marc Loingtier, 1997)

- Una **componente**: si puede encapsularse claramente dentro de un procedimiento generalizado. Un elemento es claramente encapsulado si está bien localizado, es fácilmente accesible y resulta sencillo componerlo.

- Un **aspecto**: si no puede encapsularse claramente en un procedimiento generalizado. Los aspectos tienden a ser propiedades que afectan el rendimiento o la semántica de los componentes en forma sistemática (Ejemplo: sincronización de objetos concurrentes y manejo de memoria)

La definición de aspecto ha evolucionado desde que se formuló una muy primitiva en 1995 hasta llegar a la que se usa actualmente: *Un aspecto es una unidad modular que se disemina por la estructura de otras unidades funcionales. Los aspectos existen tanto en la etapa de diseño como en la de implementación. Un aspecto de diseño es una unidad modular del diseño que se entremezcla en la estructura de otras partes del diseño. Un aspecto de programa o de código es una unidad modular del programa que aparece en otras unidades modulares del programa.* (Gregor Kiczales and Jean-Marc Loingtier, 1997)

De manera más informal podemos decir que los aspectos son la unidad básica de la POA, y pueden definirse como las partes de una aplicación que describen las cuestiones claves relacionadas con la semántica esencial o el rendimiento. También pueden verse como los elementos que se diseminan por todo el código y que son difíciles de describir localmente con respecto a otros componentes. (Quintero, 2000)

1.2 ¿Qué es la Programación Orientada a Aspectos?

La **Programación Orientada a Aspectos** (POA) es un paradigma de programación cuyo objetivo es permitir una adecuada modularización de las aplicaciones y posibilitar una mejor separación de conceptos, minimizando las dependencias entre ellos (Gregor Kiczales and Jean-Marc Loingtier, 1997). Tiende a separar los aspectos de los componentes, con la intención de mejorar la reutilización y encapsulado del módulo objetivo, así como evitar la invocación arbitraria de código (Garson). Atendiendo a esto se logra un mayor razonamiento sobre los conceptos, se elimina la dispersión del código y las implementaciones resultan más comprensibles, adaptables y reutilizables. (Gregor Kiczales and Jean-Marc Loingtier, 1997)

En la siguiente *Figura 1.1* se muestra un programa como un todo formado por un conjunto de aspectos más un modelo de objetos. Con el modelo de objetos se objetos se recoge la funcionalidad básica, mientras que el resto de aspectos recogen características de rendimiento y otras no relacionadas con la funcionalidad esencial del mismo. (Quintero, 2000)

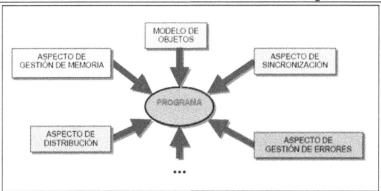

Figura 1.1: Estructura de un programa orientado a aspectos.(Quintero, 2000)

1.3 Fundamentos de la POA.

A la hora de programar en aspectos es necesario tener en cuenta los siguientes elementos: (Quintero, 2000)

- Un lenguaje para definir la funcionalidad básica. Este lenguaje se conoce como *lenguaje base*. Suele ser un lenguaje de propósito general, tal como C++ o Java. En general, se podrían utilizar también lenguajes no imperativos.

- Uno o varios lenguajes de aspectos. El lenguaje de aspectos define la forma de los aspectos, por ejemplo, los aspectos de AspectJ se programan de forma muy parecida a las clases.

- Un tejedor de aspectos. El tejedor se encargará de combinar los lenguajes. El proceso de mezcla se puede retrasar para hacerse en tiempo de ejecución, o hacerse en tiempo de compilación.

1.4 Elementos en la Programación Orientada a Aspectos.

El modelo de aspectos tiene tres elementos fundamentales: (Aguirre, 2004)

1. Cortes (**pointcuts**): Definen una colección de puntos de unión y sus respectivos valores.

2. Avisos (**advices**): Define el comportamiento adicional o sustituto que operará sobre los puntos de unión.

3. Puntos de unión (**join points**): Son puntos bien definidos en la ejecución de un programa y proveen un marco de referencia que hace posible la ejecución y coordinación de los códigos de aspectos y de componentes. Estos puntos corresponden a aquellos elementos de un lenguaje asociados a llamadas o ejecuciones de métodos, a asignaciones y lecturas de campos y a algunas otras construcciones de interés en el lenguaje. Señalan los lugares donde los aspectos serán incorporados a los componentes.

El encargado de realizar el proceso de mezcla entre los aspectos y los componentes se conoce como *tejedor* (del término inglés *weaver*). El tejedor se encarga de mezclar los diferentes mecanismos de abstracción y composición que aparecen en los lenguajes de aspectos y componentes ayudándose de los puntos de enlace. (Quintero, 2000)

En las aplicaciones tradicionales, bastaba con un compilador o intérprete que tradujera nuestro programa escrito en un lenguaje de alto nivel a un código directamente entendible por la máquina. En cambio en las aplicaciones orientadas a aspectos, además del compilador, necesitamos tener un tejedor, que nos combine el código que implementa la funcionalidad básica, con los distintos módulos que implementan los aspectos, pudiendo estar cada aspecto codificado con un lenguaje distinto como lo muestra la *Figura 1.2*. (Quintero, 2000)

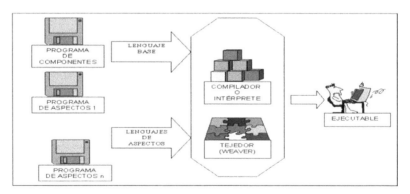

Figura 1.2: Estructura de la compilación en la POA.(Quintero, 2000)

1.5 Desarrollo orientado a aspectos.

Para diseñar sistemas orientados a aspectos se requiere comprender que debe estar en el lenguaje de componentes, que debe estar en el lenguaje de aspectos y que debe estar compartido entre los dos lenguajes. El lenguaje de componentes debe permitir al programador implementar la funcionalidad del sistema, asegurando, al mismo tiempo no interferir en las partes que el lenguaje de aspectos necesita controlar. Los lenguajes de aspectos deben proveer la implementación de los aspectos deseados de una manera natural y breve. (Gregor Kiczales and Jean-Marc Loingtier, 1997)

La POA abarca en su desarrollo tres pasos diferentes: (Laddad, 2002)

1. Descomposición de aspectos: Descomponer los requerimientos para distinguir aquellos que son componentes de los que son aspectos.

2. Implementación de requerimientos: Implementar cada requerimiento por separado.

3. Recomposición de aspectos: El proceso de recomposición, conocido también como **weaving** usa la información para la composición del programa final.

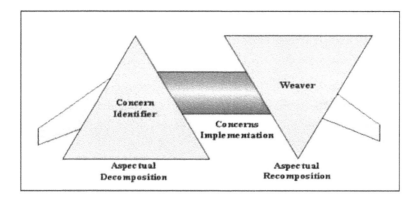

Figura 1.3: Pasos en el desarrollo según Laddad.(Laddad, 2002)

Lamping (Lamping, 1999) plantea que los conceptos que deben estar en el lenguaje base y cuales deben ser manipulados por los aspectos no es una pregunta interesante ya que no afecta mucho la estructura del programa, la verdadera interrogante en el diseño orientado a aspectos es definir que debe

estar en el lenguaje y como obtener una clara separación de responsabilidades entre los conceptos, esta es la clave para obtener una exitosa descomposición de los aspectos. Diferentes aspectos pueden contribuir código para la implementación de un solo término de la funcionalidad básica, posibilitando combinar dicho código en la implementación de este. Una buena separación de responsabilidades entre los conceptos es lo que hace esto posible, ya que esto implica que la implementación aportada por los diferentes aspectos se enfoca en diferentes temas teniendo como resultado menos conflictos.

En resumen, el trabajo del programador orientado a aspectos es elegir un buen vocabulario base y una buena separación de las responsabilidades entre los conceptos, los aspectos le permitirán entonces la separación de los conceptos un su código. (Lamping, 1999)

La idea de Lamping puede ser una vía más compleja de desarrollo orientado a aspectos que la vista anteriormente en tres pasos debido a que esta última se acerca más a los fundamentos de la Programación Orientada a Aspectos vistos anteriormente en este capítulo.

Un reporte técnico de la Universidad de Virginia, establece que muchos de los principios centrales a la POO son ignorados dentro del diseño orientado a aspectos, y se propone una filosofía de diseño orientada a aspectos que consiste de cuatro pasos: (Asteasuain and Contreras, 2002)

1. **Un objeto es algo**: Un objeto existe por sí mismo, es una entidad.

2. **Un aspecto no es algo**: Es algo sobre algo: un aspecto se escribe para encapsular un concepto entrecruzado. Por definición un aspecto entrecruza diferentes componentes, los cuales en la POO son llamados objetos. Si un aspecto no está asociado con ninguna clase, entonces entrecruza cero clases, y por lo tanto no tiene sentido en este contexto. Luego, para que un aspecto tenga sentido debe estar asociado a una o más clases; no es una unidad funcional por sí mismo.

3. **Los objetos no dependen de los aspectos**: Un aspecto no debe cambiar las interfaces de las clases asociadas a él. Solo debe aumentar la implementación de dichas interfaces. Al afectar solamente la implementación de las clases y no sus interfaces, el encapsulado no se rompe. Las clases mantienen su condición original de cajas negras, aún cuando puede modificarse el interior de las cajas.

4. **Los aspectos no tienen control sobre los objetos**: Esto significa que el ocultamiento de información puede ser violado en cierta forma por los aspectos porque éstos conocen detalles de un objeto que están ocultos al resto de los objetos. Sin embargo, no deben manipular la representación interna de los objetos más allá de lo que sean capaces de manipular el resto de los objetos. A los aspectos se les permite tener esta visión especial, pero debería limitarse a manipular objetos de la misma forma que los demás objetos lo hacen, a través de la interfaz.

1.6 Lenguajes orientados a aspectos.

Los lenguajes orientados a aspectos definen una nueva unidad de programación de software para encapsular las funcionalidades que cruzan todo el código. Además, estos lenguajes deben soportar la separación de aspectos como la sincronización, la distribución, el manejo de errores, la optimización de memoria, la gestión de seguridad, la persistencia. (Quintero, 2000)

1.6.1 Variantes de los lenguajes orientados a aspectos: Lenguajes de aspectos de dominio específico y de propósito general.

Los *lenguajes de aspectos de dominio específico* soportan uno o más de estos sistemas de aspectos (distribución, coordinación, manejo de errores), pero no pueden soportar otros aspectos distintos de aquellos para los que fueron diseñados. Los lenguajes de aspectos de dominio específico normalmente tienen un nivel de abstracción mayor que el lenguaje base y, por tanto, expresan los conceptos del dominio específico del aspecto en un nivel de representación más alto. Estos lenguajes normalmente imponen restricciones en la utilización del lenguaje base. Esto se hace para garantizar que los conceptos del dominio del aspecto se programen utilizando el lenguaje diseñado para este fin y evitar así interferencias entre ambos. Se quiere evitar que los aspectos se programen en ambos lenguajes lo cual podría conducir a un conflicto. (Quintero, 2000)

Los *lenguajes de aspectos de propósito general* se diseñaron para ser utilizados con cualquier clase de aspecto, no solamente con aspectos específicos. Por lo tanto, no pueden imponer restricciones en el lenguaje base. Principalmente soportan la definición separada de los aspectos proporcionando unidades de aspectos. Normalmente tienen el mismo nivel de abstracción que el lenguaje base y también el mismo conjunto de instrucciones, ya que debería ser posible expresar cualquier código en las unidades de aspectos. (Quintero, 2000)

Si contrastamos estos dos enfoques, propósito general versus dominio específico, se tiene que los lenguajes de aspectos de propósito general no pueden cubrir completamente las necesidades. Tienen un severo inconveniente: Permiten la separación del código, pero no garantizan la separación de funcionalidades, es decir, que la unidad de aspecto solamente se utiliza para programar el aspecto. Sin embargo, esta es la idea central de la programación orientada a aspectos. En comparación con los lenguajes de aspectos de propósito general, los lenguajes de aspectos de dominio específico fuerzan la separación de funcionalidades. (Quintero, 2000)

Teniendo en cuenta lo anteriormente abordado podemos llegar a la conclusión que, para los programadores es más fácil aprender un lenguaje de propósito general que varios de dominio específico, ya que serian uno por cada aspecto que se vaya a tratar en el sistema.

1.6.2 Descripción de los Lenguajes Orientados a Aspectos.

A medida que se va desarrollando la Programación Orientada a Aspectos han ido naciendo y creciendo varios lenguajes que soportan este paradigma como lo son los que aparecen a continuación acompañados de una breve descripción cada uno.

1.6.2.1 COOL.

COOL es un lenguaje de dominio específico creado por Xerox cuya finalidad es la sincronización de hilos concurrentes. El lenguaje base que utiliza es una versión restringida de Java, ya que se han de eliminar los métodos wait, notify y notifyAll, y la palabra clave synchronized para evitar que se produzcan situaciones de duplicidad al intentar sincronizar los hilos en el aspecto y en la clase. (Quintero, 2000)

En COOL, la sincronización de los hilos se especifica de forma declarativa y, por lo tanto, más abstracta que la correspondiente codificación en Java.

COOL proporciona mecanismos para trabajar con la exclusión mutua de hilos de ejecución, el estado de sincronización, la suspensión con guardas, y la notificación de forma separada de las clases. (Quintero, 2000)

Un programa COOL está formado por un conjunto de módulos coordinadores. En cada coordinador se define una estrategia de sincronización, en la cual pueden intervenir varias clases. Aunque estén asociados con las clases, los coordinadores no son clases. La unidad mínima de sincronización que se define en COOL es un método. Los coordinadores no se pueden instanciar directamente, sino que se asocian con las instancias de las clases a las que coordinan en tiempo de instanciación. Esta relación (ver *Figura 1.4*) está vigente durante toda la vida de los objetos y tiene un protocolo perfectamente definido. (Quintero, 2000)

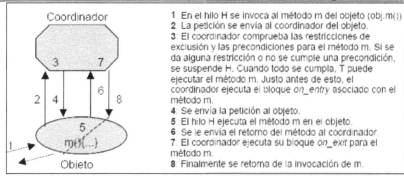

Figura 1.4: Estructura de la relación Coordinador-Objeto. (Quintero, 2000)

Los coordinadores se escriben sabiendo perfectamente las clases a las que coordinan, sin embargo, las clases no tienen conocimiento de los coordinadores. Para tener una idea general de cómo trabaja el coordinador COOL, qué forma tiene un coordinador. El cuerpo de un coordinador puede esta formado por: (Quintero, 2000)

- **Variables de condición**: Las variables de condición se utilizan para controlar el estado de sincronización, con el propósito de utilizarlas en la suspensión con guarda y en la notificación de los hilos de ejecución. Se declaran utilizando la palabra clave condition.

- **Variables ordinarias**: Las variables ordinarias mantienen la parte del estado del coordinador que no conduce directamente a la suspensión con guarda y a la notificación de hilos, pero que pueden afectar al estado de sincronización. Se declaran igual que en Java.

- **Un conjunto de métodos auto excluyentes**: En esta sección se identifican los métodos que solamente pueden ser ejecutados por un hilo a la vez. Se identifican con la palabra clave selfex

- **Varios conjuntos de métodos de exclusión mutua**: Un conjunto de exclusión mutua identifica una serie de métodos que no se pueden ejecutar concurrentemente por distintos hilos. Es decir, que la ejecución de un hilo H de uno de los métodos del conjunto evita que otro hilo H' ejecute cualquier otro método del mismo conjunto. El conjunto de exclusión mutua se declara con mutex.

- **Gestores de métodos**: Estos gestores se encargan de la suspensión con guarda y de la notificación de los hilos utilizando al estilo de las precondiciones utilizando la cláusula requires (a modo de precondición) y las sentencias on_entry y on_exit.

La semántica de la suspensión con guarda es la siguiente: Cuando un hilo H quiere ejecutar un método M que tiene una precondición, definida en una cláusula requires, y se cumplen las restricciones de exclusión puede suceder lo siguiente: (Quintero, 2000)

1. Si la condición definida en requires se cumple, entonces el método M puede ser ejecutado por H.

2. Si no, el hilo H no puede ejecutar M, y se suspende. El hilo permanecerá suspendido hasta que se cumpla la precondición. Cuando esto ocurra, se le notificará a H, y si la restricción de exclusión aún se mantiene, H podrá ejecutar M, pero si no se mantiene, se volverá a suspender H.

Las sentencias on_entry y on_exit se ejecutan cuando un hilo tiene permiso para ejecutar un método. Justo antes de ejecutarlo, se ejecutan las sentencias incluidas en el bloque on_entry, y justo después las del bloque on_exit. (Quintero, 2000) En la *Figura 1.5* se muestra la estructura del lenguaje COOL.(Quintero, 2000)

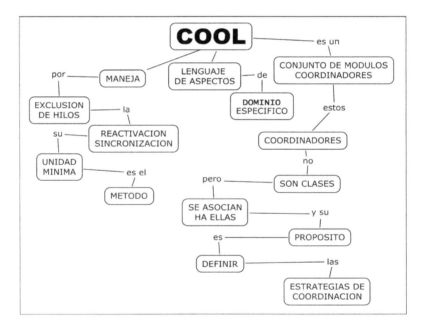

Figura 1.5: Descripción del lenguaje COOL.(CERON, 2008d)

1.6.2.2 AspectJ.

AspectJ es una herramienta compatible con Java que maneja avisos y cortes, los avisos se refieren a las acciones que se ejecutan en un determinado punto de enlace, mientras los cortes se agrupan gracias a los puntos de enlace, este lenguaje adicionalmente maneja las instrucciones y declaraciones que permiten cambiar la estructura de las distintas clases de un programa por medio de su entidad estática permitiéndoles afectar la asignatura del programa. Su estructura está en la *Figura 1.6*.

AspectJ es un lenguaje de propósito general lanzado en 1998 por Gregor Kickzales y su grupo conformado por Ron Bodkin, Bill Griswold, Jim Hugunin, Wes Isberg y Mik Kersten. (CERON, 2008a)

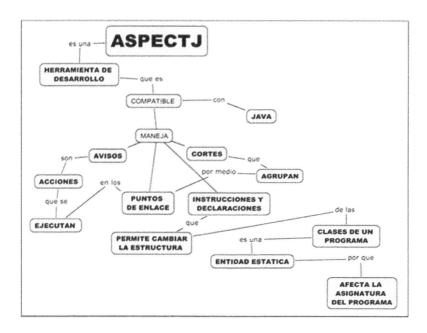

Figura 1.6: Descripción del lenguaje AspectJ.(CERON, 2008b)

El proyecto de este lenguaje es dirigido por Kiczales, es el más antiguo y más evolucionado de POA.

No se va a profundizar mucho este lenguaje en este capítulo debido a que en el próximo haremos un análisis más profundo del mismo teniendo en cuenta que es el seleccionado para implementar el software.

1.6.2.3 JPAL.

JPAL (Junction Point Aspect Language), Un lenguaje que permite la unión de varios aspectos en un punto especifico denominado junction point, tal como si se tratará de una estructura tipo esquelética, el junction point, viene a ser el lugar donde se entrecruzan o se conectan varios huesos, todo esto gracias a su tejedor principal que se encarga de generar un esquema para el tejedor de aspectos, el cual contiene la conexión con el código base, con sus puntos de control denominados acciones este código es invocado por el tejedor durante la ejecución permitiendo realizar las acciones de los programas de aspectos. Esto demuestra vinculación dinámica con el programa de aspectos, lo cual permite la modificación en tiempo de ejecución, sin embargo la solución que presenta la herramienta no es lo suficientemente fuerte para agregar o remplazar aspectos durante la ejecución, por está razón el tejedor maneja una entidad llamada administrador de programas de aspectos la cual se encarga de controlar los aspectos registrados tal como una librería dinámica la cual permite agregar, quitar o modificar aspectos todo esto entre el tejedor y el administrador para esto se utiliza un protocolo de comunicación entre procesos que se identifica gracias a las acciones. Su estructura puede observarse mejor en la *Figura 1.7*(CERON, 2008b)

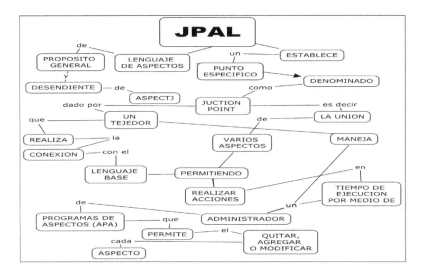

Figura 1.7: Descripción del lenguaje JPAL.(CERON, 2008f)

En fin, JPAL es un descendiente de AspectJ, tiene la particularidad de separar los puntos de enlace, que son independientes del lenguaje base, de sus acciones asociadas que dependen de decisiones de implementación. Esta separación permite generar un esquema de tejedor para cualquier lenguaje de aspectos. Este esquema ofrece un puente entre el control de la ejecución y la ejecución de la acción. Tomando ventaja de esta redirección se obtiene un modelo de arquitectura para el manejo dinámico de aspectos. Su principal aplicación es para la implementación de sistemas distribuidos.(Asteasuain and Contreras, 2002)

1.6.2.4 RIDL.

RIDL (Remote Interaction and Data transfers aspect Language) es un lenguaje de aspectos de dominio específico que maneja la transferencia de datos entre diferentes espacios de ejecución. (Asteasuain and Contreras, 2002)

Un programa RIDL consiste de un conjunto de módulos de portales. Los módulos de portales o directamente portales se asocian con las clases por el nombre. (Asteasuain and Contreras, 2002)

Un portal es el encargado de manejar la interacción remota y la transferencia de datos de la clase asociada a él, y puede asociarse como máximo a una clase. La unidad mínima de interacción remota es el método. La declaración de los portales identifica clases cuyas instancias pueden invocarse desde espacios remotos. Dichas instancias se llaman objetos remotos. La declaración de un portal identifica qué métodos de una clase serán exportados sobre la red. En el portal estos métodos se llaman operaciones remotas. Para cada una de estas operaciones se describe qué objetos remotos esperan y qué datos enviarán a los llamadores. Los portales no son clases: utilizan un lenguaje diferente, no pueden ser instanciados y sirven para un propósito muy específico. Tampoco son tipos en el sentido estricto de la palabra. Un portal se asocia automáticamente con una instancia de la clase en el momento que una referencia a esa instancia se exporta fuera del espacio donde la instancia fue creada. Durante el tiempo de vida de la instancia esta relación se mantiene mediante un protocolo bien definido. (Asteasuain and Contreras, 2002) La estructura de este lenguaje se puede visualizar en la *Figura 1.8.*

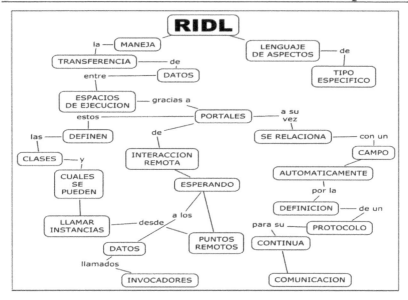

Figura 1.8: Descripción del lenguaje RIDL.(CERON, 2008h)

Un portal asociado a una clase *C* tiene la siguiente visibilidad: (Asteasuain and Contreras, 2002)

- Todos los métodos públicos, protegidos y privados de *C* a excepción de los métodos estáticos.

- Todos los métodos no privados de las superclases de *C* a excepción de los métodos estáticos.

- Todas las variables privadas, protegidas y públicas de todas las clases de una aplicación D.

En la *Figura 1.9* se describe el protocolo de comunicación entre un portal y un objeto:

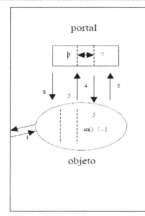

1: Desde un espacio remoto, se produce una invocación al método *m* del objeto.
2: El pedido es enviado primero al portal del objeto.
3: El método se procesa de acuerdo a su declaración como operación remota en el portal: se traen los parámetros del espacio remoto al espacio local según los modos de pasaje y las directivas de copia declaradas para la operación remota.
4: El pedido se envía al objeto.
5: El método *m* se ejecuta.
6: Al retornar de la invocación del método, el resultado se presenta al coordinador.
7: El resultado es procesado de acuerdo a su declaración en la operación remota.
8: La invocación del método finalmente retorna, y el resultado es pasado al espacio remoto.

Figura 1.9: Estructura de la relación portal-objeto.(Asteasuain and Contreras, 2002)

1.6.2.5 D.

Es un lenguaje para programación netamente distribuida, también denominado ambiente de lenguajes debido a que consiste en la fusión de dos lenguajes El COOL y el RIDL, mientras COOL se encarga de los hilos el RIDL se encarga de la establecimiento entre los componentes remotos. Este lenguaje tiene la capacidad de complementarse con cualquier lenguaje orientado a objetos esto es gracias a que D (ver *Figura 1.10*) captura el aspecto por separado, luego las clases son ingresadas, pero no contiene la comunicación remota, es donde interviene RIDL con la estrategia para la comunicación, en ese caso una comunicación de tipo por defecto, permitiendo la comunicación entre los módulos, permitiendo acceder a los componentes y especificando gracias al protocolo, que puede variar dependiendo del aspecto. (CERON, 2008b)

Para determinar si un módulo se relaciona con una clase se verifica: (CERON, 2008b)

- La visibilidad de campos, es decir si los elementos heredados de la clase son visible por el módulo.

- No hay propagación de efectos, el módulo no afecta a la clase ni a sus elementos.

- Redefinición semántica, el módulo redefine a cualquier modulo de aspecto del mismo tipo frente a la clase de la que hereda.

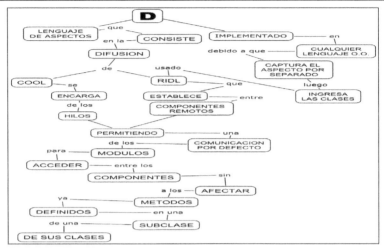

Figura 1.10: Descripción del lenguaje D.(CERON, 2008d)

1.6.2.6 AspectC.

AspectC es un lenguaje de aspectos de propósito general que extiende C, es un subconjunto de AspectJ sin ningún soporte para la programación orientada a objetos o módulos explícitos. El código de aspectos, conocido como aviso, interactúa con la funcionalidad básica en los límites de una llamada a una función, y puede ejecutarse antes, después, o durante dicha llamada. Los elementos centrales del lenguaje tienen como objetivo señalar llamadas de funciones particulares, acceder a los parámetros de dichas llamadas, y adherir avisos a ellas. (Asteasuain and Contreras, 2002) Su estructura se muestra claramente en la *Figura 1.11*.

Los cortes en AspectC toman las siguientes formas: (Asteasuain and Contreras, 2002)

- Llamadas a una función: *call(f(arg))*, captura todas las llamadas a la función f con un argumento.

- Durante el flujo de control: *cflow(cualquier corte)*, captura el contexto de ejecución dinámico del corte.

- Referencias a una variable: *varref(x)*, captura las referencias a la variable x

- Todos los cortes se pueden describir utilizando expresiones lógicas, aumentando la expresividad del lenguaje: el operador "y"(&&), el operador "o" (‖), y el operador de negación(!).

El lenguaje C es de naturaleza estática, por lo tanto el tejedor de AspectC es estático. Es interesante contar con esta herramienta de aspectos basada en C, ya que C es muy utilizado en aplicaciones importantes. (Asteasuaín and Contreras, 2002)

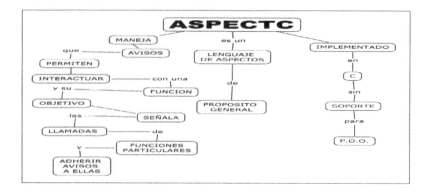

Figura 1.11: Descripción del lenguaje AspectC.(CERON, 2008a)

1.6.2.7 AspectS.

AspectS extiende el ambiente Squeak/Smalltalk para permitir un sistema de desarrollo orientado a aspectos. Squeak es una implementación abierta y portable de Smalltalk-80 cuya máquina virtual está completamente escrita en Smalltalk. Principalmente, AspectS está basado en dos proyectos anteriores: AspectJ de Xerox Parc y el MethodWrappers de John Brant, que es un mecanismo poderoso para agregar comportamiento a un método compilado en Squeak. (Asteasuain and Contreras, 2002)

AspectS, un lenguaje de aspectos de propósito general, utiliza el modelo de lenguaje de AspectJ y ayuda a descubrir la relación que hay entre los aspectos y los ambientes dinámicos. Está implementado en Squeak sin cambiar la sintaxis, ni la máquina virtual. (Ver *Figura1.12*)

En este lenguaje los aspectos se implementan a través de clases y sus instancias actúan como un objeto, respetando el principio de uniformidad. Un aspecto puede contener un conjunto de receptores y de emisores o clases que envían. Estos objetos se agregan o se eliminan por el cliente y serán usados por el proceso de tejer en ejecución para determinar si el comportamiento debe activarse o no. En AspectS los puntos de enlace se implementan a través de envíos de mensajes. Los avisos asocian fragmentos de código de un aspecto con cortes y sus respectivos puntos de enlace, como los objetivos del tejedor para ubicar estos fragmentos en el sistema. Para representar esos fragmentos de código se utilizan bloques. Los tipos de avisos definibles en AspectS son: (Asteasuain and Contreras, 2002)

- Antes y después de la invocación a un método (*AsBeforeAfterAdvice*).

- Para manejo de excepciones (*AsHandlerAdvice*).

- Durante la invocación de un método (*AsAroundAdvice*).

Un calificador de avisos (*AsAdviceQualifier*) es usado para controlar la selección del aviso apropiado.

Este lenguaje utiliza un tejedor dinámico que transforma el sistema base de acuerdo a lo especificado en los aspectos. El código tejido se basa en el MethodWrapper y la meta-programación. MethodWrapper es un mecanismo que permite introducir código que es ejecutado antes, después o durante la ejecución de un método. El proceso de tejer sucede cada vez que una instancia de aspectos es instalada. Para revertir los efectos de un aspecto al sistema, el aspecto debe ser desinstalado. A este proceso se lo conoce como "destejer", del inglés <u>unweaving</u>. El tejido de AspectS es completamente dinámico ya que ocurre en ejecución. (Asteasuain and Contreras, 2002)

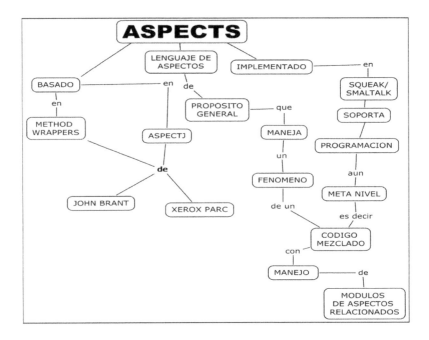

Figura 1.12: Descripción del lenguaje AspectS.(CERON, 2008b)

1.6.2.8 AspectC++.

AspectC++ es un lenguaje de aspectos de propósito general que extiende el lenguaje C++ para soportar el manejo de aspectos. En este lenguaje los puntos de enlace son puntos en el código componente donde los aspectos pueden interferir. Los puntos de enlaces son capaces de referir a código, tipos, objetos, y flujos de control. Las expresiones de corte son utilizadas para identificar un conjunto de puntos de enlaces. Se componen a partir de los elementos que designan cortes y un conjunto de operadores algebraicos. La declaración de los avisos es utilizada para especificar código que debe ejecutarse en los puntos de enlace determinados por la expresión de corte. La información del contexto del punto de enlace puede exponerse mediante cortes con argumentos y expresiones que contienen identificadores en vez de nombres de tipos, todas las veces que se necesite. (Asteasuain and Contreras, 2002)

Diferentes tipos de aviso pueden ser declarados, permitiendo que el aspecto introduzca comportamiento en diferentes momentos: el aviso después (after advice), el aviso antes (before advice) y el aviso durante (around advice). (Asteasuain and Contreras, 2002)

Los aspectos en AspectC++ implementan en forma modular los conceptos entrecruzados y son extensiones del concepto de clase en C++. Además de atributos y métodos, los aspectos pueden contener declaraciones de avisos. Los aspectos pueden derivarse de clases y aspectos, pero no es posible derivar una clase de un aspecto. (Asteasuain and Contreras, 2002)

Si bien el manejo de aspectos en AspectC++ es similar al manejo que proporciona AspectJ, introduce modificaciones importantes dentro del modelo de puntos de enlace, permitiendo puntos de enlace sobre clases, objetos, y sobre el flujo de control. Esto resulta en un diseño del lenguaje más coherente con el paradigma de aspectos. (Asteasuain and Contreras, 2002)

1.6.2.9 Malaj.

Malaj es un sistema que soporta la programación orientada a aspectos. Define constructores lingüísticos separados para cada aspecto de dominio específico, donde el código de los aspectos tiene una visibilidad limitada del código funcional, reduciendo los posibles conflictos con las características lingüísticas tradicionales y también, con el principio de encapsulado. (Asteasuain and Contreras, 2002)

Malaj se concentra en dos aspectos: sincronización y recolocación. Puede verse como un sucesor de los lenguajes COOL y RIDL por su filosofía, enfatizando la necesidad de restringir la visibilidad de los aspectos, y reglas claras de composición con los constructores tradicionales. Para cada aspecto, provee un constructor lingüístico distinto, limitando así la visibilidad del aspecto sobre el módulo funcional asociado a él. El lenguaje base de Malaj es una versión restringida de Java. (Asteasuain and Contreras, 2002)

Para el aspecto de sincronización Malaj provee el constructor *guardian*. Cada guardián es una unidad distinta con su propio nombre, y se asocia con una clase en particular y expresa la sincronización de un conjunto relacionado de métodos de esa clase. Los guardianes no pueden acceder a los elementos privados de la clase que vigilan, y el acceso a los atributos públicos y protegidos se limita a un acceso de sólo lectura. El comportamiento adicional en un guardián para un método *m* de la clase asociada se especifica introduciendo código que se ejecutará antes o después de *m*, a través de las cláusulas before y after. También los guardianes pueden heredarse. Para reducir el problema de anomalía de herencia las cláusulas before y after en una clase pueden referirse a las cláusulas before y after de su clase padre a través de la sentencia **super**. (Asteasuain and Contreras, 2002)

El aspecto de recolocación involucra el movimiento de objetos entre sitios en un ambiente de redes. Este tipo de relación es claramente dinámico. Para este aspecto Malaj provee el constructor relocator. Este constructor será una unidad diferente con su propio nombre, y se asocia con una clase en particular. Las acciones de recolocación pueden ejecutarse antes o después de la ejecución de un método. Para modelar este comportamiento, el constructor brinda cláusulas before y after, que permiten la especificación deseada. También la visibilidad de este constructor es limitada. Como el constructor guardián, un **relocator** puede heredarse, y las cláusulas before y after en una clase pueden referirse a las cláusulas before y after de su clase padre a través de la sentencia **super**, y así reducir el impacto de la anomalía de herencia. (Asteasuain and Contreras, 2002)

Resumiendo, Malaj provee una solución intermedia entre flexibilidad y poder por un lado, y entendimiento y facilidad de cambio por el otro. No permite describir cualquier aspecto, pero sí captura el comportamiento de dos conceptos relacionados con el código funcional. La *Figura 1.13* muestra su estructura.

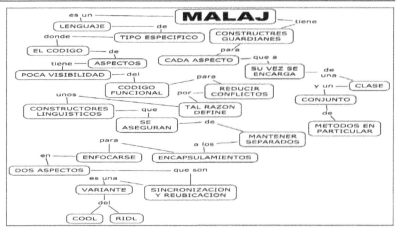

Figura 1.13: Descripción del lenguaje Malaj.(CERON, 2008d)

1.6.2.10   HYPERJ.

Fue desarrollado por Ossher y Tarr bajo el concepto de separación multidimensional de conceptos (MDSOC en inglés), llamada <u>hyperspaces</u>.

Primero se va a introducir cierta terminología relativa a MDSOC: (Asteasuain and Contreras, 2002)

- Un *espacio de concepto* concentra todas las unidades, es decir todos los constructores sintácticos del lenguaje, en un cuerpo de software, como una biblioteca. Organiza las unidades en ese cuerpo de software para separar todos los conceptos importantes, describe las interrelaciones entre los conceptos e indica cómo los componentes del software y el resto del sistema pueden construirse a partir de las unidades que especifican los conceptos.

- En HyperJ un *hiperespacio* (hyperspace) es un *espacio de concepto* especialmente estructurado para soportar la múltiple separación de concepto. Su principal característica es que sus unidades se organizan en una matriz multidimensional donde cada eje representa una dimensión de concepto y cada punto en el eje es un concepto de esa dimensión.

- Los <u>hiperslices</u> son bloques constructores; pueden integrarse para formar un bloque constructor más grande y eventualmente un sistema completo.

- Un <u>hipermódulo</u> consiste de un conjunto de <u>hiperslices</u> y conjunto de reglas de integración, las cuales especifican cómo los <u>hiperslices</u> se relacionan entre ellos y cómo deben integrarse.

Teniendo introducida la terminología se puede continuar con el análisis de HyperJ (ver *Figura 1.14*). Esta herramienta permite componer un conjunto de modelos separados, donde cada uno encapsula un concepto definiendo e implementando una jerarquía de clases apropiada para ese concepto. Generalmente los modelos se superponen y pueden o no hacer referencias entre ellos. Cada modelo debe entenderse por sí solo. Cualquier modelo puede aumentar su comportamiento componiéndose con otro: HyperJ no exige una jerarquía base distinguida y no diferencia entre clases y aspectos, permitiendo así que los *hiperslices* puedan extenderse, adaptarse o integrarse mutuamente cuando se lo necesite. Esto demuestra un mayor nivel de expresividad para la descripción de aspectos en comparación con las herramientas descriptas anteriormente. (Asteasuain and Contreras, 2002)

Existe una versión prototipo de HyperJ que brinda un marco visual para la creación y modificación de las relaciones de composición, permitiendo un proceso simple de prueba y error para la integración de conceptos en el sistema. El usuario comienza especificando un *hipermódulo* eligiendo un conjunto de conceptos y un conjunto tentativo de reglas de integración. HyperJ crea hiperslices válidos para esos conceptos y los compone basándose en las reglas que recibe. Luego el hiperslice resultante se muestra en pantalla, si el usuario no está conforme puede en ese momento introducir nuevas reglas o modificar las reglas existentes y así continuar este proceso de refinación hasta obtener el modelo deseado. (Asteasuain and Contreras, 2002)

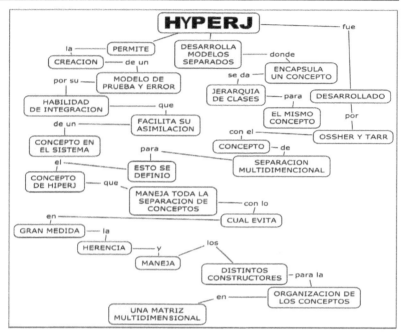

Figura 1.14: Descripción del lenguaje HYPERJ.(CERON, 2008b)

1.7 Tejido entre clases y aspectos.

Una de las realidades de la POA es que los códigos de aspectos y los de componentes interactúen. Si no existiese dicha interacción no fuera necesario usar la POA, solo bastaría con compilar el código de componentes y el de aspectos por separado usando el compilador adecuado para cada lenguaje. Esta interacción entre los componentes y los aspectos es la que hace necesario los tejedores y a su vez hace interesante la POA. (Lamping, 1997)

Los aspectos describen apéndices al comportamiento de los objetos. Hacen referencia a las clases de los objetos y definen en qué punto se han de colocar estos apéndices. Puntos de enlace que pueden ser tanto métodos como asignaciones de variables. Las clases y los aspectos se pueden entrelazar de dos formas distintas: de manera estática o bien de manera dinámica. (Quintero, 2000)

1.7.1 Entrelazado estático.

El entrelazado estático implica modificar el código fuente de una clase insertando sentencias en estos puntos de enlace. Es decir, que el código del aspecto se introduce en el de la clase. Un ejemplo de este tipo de tejedor es el Tejedor de Aspectos de AspectJ. (Quintero, 2000)

La principal ventaja de esta forma de entrelazado es que se evita que el nivel de abstracción que se introduce con la programación orientada a aspectos se derive en un impacto negativo en el rendimiento de la aplicación. Pero, por el contrario, es bastante difícil identificar los aspectos en el código una vez que éste ya se ha tejido, lo cual implica que si se desea adaptar o reemplazar los aspectos de forma dinámica en tiempo de ejecución nos encontremos con un problema de eficiencia, e incluso imposible de resolver a veces. (Quintero, 2000)

1.7.2 Entrelazado dinámico.

Una precondición o requisito para que se pueda realizar un entrelazado dinámico es que los aspectos existan de forma explícita tanto en tiempo de compilación como en tiempo de ejecución. Para conseguir esto, tanto los aspectos como las estructuras entrelazadas se deben modelar como objetos y deben mantenerse en el ejecutable. Dado un interfaz de reflexión, el tejedor es capaz de añadir, adaptar y borrar aspectos de forma dinámica, si así se desea, durante la ejecución. Un ejemplo de este tipo de tejedores es el Tejedor AOP/ST que no modifica el código fuente de las clases mientras se entrelazan los aspectos. En su lugar utiliza la herencia para añadir el código específico del aspecto a sus clases. (Quintero, 2000)

La forma en la que trabaja este tejedor se muestra en la *Figura 1.15*, que enseña la estructura de clases UML resultante de tejer dos aspectos, sincronización y traza, a la clase Rectángulo. La idea que se aplica es que cada aspecto se representa por su propia subclase Rectángulo. Los métodos a los que les afectan los aspectos se sobrescriben en las subclases utilizando los *métodos tejidos*. Un método tejido envuelve la invocación de la implementación del método heredada. La clase vacía *clase tejida* finaliza la cadena de subclases. Las subclases generadas por el tejedor de aspectos no tienen ningún efecto en la ejecución del programa. Si se le envía un mensaje a un objeto Rectángulo, se buscará el correspondiente método de la clase del objeto y ejecutará la implementación que tenga. (Quintero, 2000)

Para hacer que el código tejido tenga efecto, el tejedor cambia la clase de todos los objetos Rectángulo a la clase tejida. También instala un mecanismo para que esto ocurra con todos los objetos tipo rectángulo que se añadan en el futuro. Este tejedor también tiene en cuenta el orden en el que se entremezclan los aspectos. Esto lo resuelve asignando una prioridad al aspecto. El aspecto que tenga asignado un número menor es el que se teje primero, y por lo tanto, aparecerá antes en la jerarquía de herencia. Esta prioridad se ha representado en la estructura UML de las clases como un número entre paréntesis después de la clase estereotipada. (Quintero, 2000)

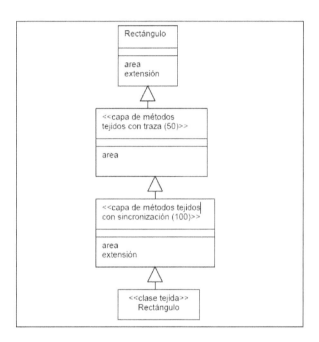

Figura 1.15: Estructura de clases resultado de tejer dos aspectos y una clase con el Tejedor AOP/ST.(Quintero, 2000)

El principal inconveniente subyacente bajo este enfoque es el rendimiento y que se utiliza más memoria con la generación de todas estas subclases. (Quintero, 2000)

1.7.3 Clasificaciones en la forma del tejido.

Una de las primeras clasificaciones de las formas de combinar el comportamiento de los componentes y los aspectos fue dada por John Lamping: (Lamping, 1997)

1. *Yuxtaposición*. Consiste en el intercalado del código de los aspectos en el de los componentes. La estructura del código mezclado quedaría como el código base con el código de los aspectos añadidos en los puntos de enlace. El tejedor, en este caso, sería bastante simple.

29

2. *Mezcla.* Es lo opuesto a la yuxtaposición, todo el código queda mezclado con una combinación de descripciones de componentes y aspectos.

3. *Fusión.* En este caso, los puntos de enlace no se tratan de manera independiente, se fusionan varios niveles de componentes y de descripciones de aspectos en una acción simple.

1.8 Conclusiones parciales.

Se abordaron los conceptos fundamentales de la Programación Orientada a Aspectos, un nuevo paradigma de programación que posee características diferentes a sus predecesores.

Se pudo observar el surgimiento de varios lenguajes que lo implementan el paradigma con determinada complejidad Aunque el mismo aún es muy joven.

Se analizaron las características del entrelazado, ya que para obtener un programa final en este paradigma además de un compilador es necesario un tejedor que una la funcionalidad básica con los aspectos.

CAPÍTULO 2. EL DISEÑO EN LA PROGRAMACIÓN ORIENTADA A ASPECTOS Y CARACTERÍSTICAS DEL LENGUAJE ASPECTJ.

En este capítulo se abordará la etapa de diseño en la POA. También se analizarán las características del AspectJ, un lenguaje orientado a aspectos de propósito general. También se analizaran las ventajas y desventajas de dicho lenguaje.

2.1. El diseño en la Programación Orientada a Aspectos.

Primeramente la orientación a aspectos se centró principalmente en el nivel de implementación y codificación, pero con el paso del tiempo han surgido más trabajos para llevar la separación de funcionalidades a nivel de diseño.

Esta separación se hace necesaria, sobre todo, cuando las aplicaciones necesitan un alto grado adaptabilidad o que se puedan reutilizar. Los trabajos surgidos hasta el momento proponen utilizar UML como lenguaje de modelado, ampliando su semántica con los mecanismos que el propio lenguaje unificado tiene para tales efectos y consiguiendo así representar el diseño funcional de los objetos separado del diseño no funcional del mismo, o lo que es lo mismo, representar la funcionalidad básica separada de los otros aspectos. (Quintero, 2000)

El capturar los aspectos ya desde la etapa de diseño tiene sus ventajas: (Junichi Suzuki, 1999)

- **Creación de documentación y aprendizaje**: Teniendo a los aspectos como constructores de diseño le permite a los diseñadores reconocerlos con un nivel superior de abstracción en los primeros pasos del desarrollo del proceso. Los desarrolladores de aspectos y personas aprendiendo el paradigma de aspectos pueden aprender y documentar los modelos de aspectos de un modo más intuitivo, pudiendo visualizar modelos de aspectos utilizando la herramienta CASE que soporta el modelado visual.

- **Reutilización de aspectos**: La facilidad de documentación y aprendizaje influye en la reutilización de la información de los aspectos. Al saber como se diseña un aspecto y como afecta a otra clase es más fácil ver como se pueden utilizar de otra forma, lo que incrementaría la reutilización de los aspectos.

- **Desarrollo de ida y vuelta:** Con el soporte de aspectos el desarrollo incremental y de ida y vuelta del software orientado a aspectos es posible la traducción del modelo código aspecto-diseño, del modelo-código aspecto y del código tejido-modelo.

La propuesta que se realiza en (Junichi Suzuki, 1999) de extensión del metamodelo de UML para tener en cuenta a los aspectos en la fase de diseño consiste en los siguientes términos:

- Aspecto

El aspecto es un constructor derivado del elemento Classifier, que describe características estructurales y de comportamiento, también Class, Interface y Component son tipos de Classifier, como lo muestra la *Figura 2.1*.

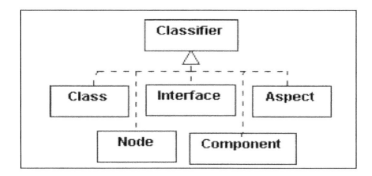

Figura 2.1: Estructura del elemento Clasifier.(Junichi Suzuki, 1999)

Un aspecto así modelado puede tener atributos, operaciones y relaciones Los atributos son utilizados por su conjunto de definiciones tejidas. Las operaciones se consideran como sus declaraciones tejidas. Las relaciones incluyen la generalización, la asociación y la dependencia. En el caso de que el tejedor de aspectos utilice el tipo de tejidos, es decir, introduzca un aviso tejido en AspectJ, éste se especifica como una restricción para la correspondiente declaración tejida.

El aspecto se representa como un rectángulo de clase con el estereotipo <<aspecto>>. En el apartado de la lista de operaciones se muestran las declaraciones tejidas. Cada tejido se muestra como una operación con el estereotipo <<tejido>>. Una firma de la declaración tejida representa un "designador" cuyos elementos están afectados por el aspecto. La estructura se puede observar en la *Figura 2.2*.

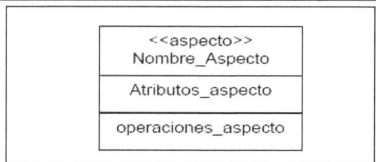

Figura 2.2: Estructura del diseño de un aspecto.(Quintero, 2000)

- Relación aspecto-clase

El metamodelo UML define tres relaciones primarias derivadas del elemento Relación del metamodelo: Asociación, Generalización y Dependencia, como lo muestra la *Figura 2.3.*

La relación entre un aspecto y su clase es un tipo de relación de dependencia. La relación de dependencia modela aquellos casos en que la implementación o el funcionamiento de un elemento necesita la presencia de otro u otros elementos.(Junichi Suzuki, 1999)

En el metamodelo UML del elemento Dependencia se derivan otros cuatro que son: Abstracción, Ligadura, Permiso y Uso. La relación aspecto-clase se clasifica como una relación de dependencia del tipo abstracción.(Quintero, 2000)

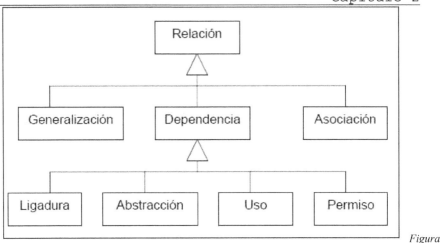

2.3: Estructura de las relaciones en el metamodelo UML.(Quintero, 2000)

Una relación de dependencia de abstracción relaciona dos elementos que se refieren al mismo concepto pero desde diferentes puntos de vista, o aplicando diferentes niveles de abstracción. El metamodelo UML define también cuatro estereotipos para la dependencia de abstracción: derivación, realización, refinamiento y traza.(Quintero, 2000)

Con el estereotipo <<realiza>> se especifica una relación de realización entre un elemento o elementos del modelo de especificación y un elemento o elementos del modelo que lo implementa. El elemento del modelo de implementación ha de soportar la declaración del elemento del modelo de especificación.(Quintero, 2000)

La relación aspecto-clase se recoge en la dependencia de abstracción con el estereotipo realización (<<realiza>>). Esta relación se representa en la *Figura 2.4*.

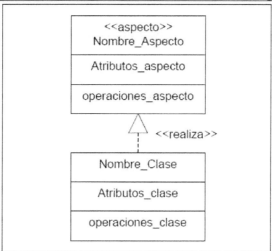

Figura 2.4: Notación de la relación aspecto-clase.(Quintero, 2000)

- Clase tejida

Al utilizar un tejedor de aspectos, el código de las clases y los aspectos se mezclan y se genera como resultado una clase tejida. La estructura de la clase tejida depende del tejedor de aspectos y del lenguaje de programación que se haya utilizado. Por ejemplo, AspectJ reemplaza la clase original por la clase tejida, mientras que AOP/ST genera una clase tejida que se deriva de la clase original. (Quintero, 2000)

La solución que proponen Suzuki y Yamamoto (Junichi Suzuki, 1999) para modelar esto es introducir el estereotipo <<clase tejida>> en el elemento Clase para representar una clase tejida. Se recomienda que en la clase tejida se especifique con una etiqueta la clase y el aspecto que se utilizaron para generarla.

En la *Figura 2.5* se representa la estructura de las clases tejidas, utilizando tanto el tejedor AspectJ como el tejedor AOP/ST.

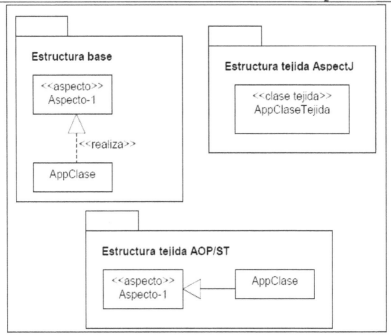

Figura 2.5: Estructura de las clases tejidas.(Quintero, 2000)

2.2. Lenguaje AspectJ.

Como se pudo observar en el capítulo anterior solo se realiza una descripción breve del lenguaje de programación orientado a aspectos AspectJ debido a que ahora se profundizará en el estudio del mismo.

2.2.1 ¿Por qué profundizar el estudio del AspectJ?

En este capítulo se profundizará el estudio del Lenguaje de Programación Orientado a Aspectos AspectJ por las siguientes razones:

1. El proyecto de este lenguaje es el más antiguo y más evolucionado de POA, a su vez esta dirigido por Kickzales, el principal creador de el paradigma de aspectos.

2. Es un lenguaje de propósito general, que para los programadores es más fácil de aprender, ya que con los de dominio específico habría que aprender uno por cada aspecto que se vaya a tratar.

3. Este lenguaje es una extensión orientada a aspectos de Java, utilizando al mismo como lenguaje base, que es el lenguaje de programación predominante en nuestro medio.

AspectJ es un lenguaje de propósito general, una extensión orientada a aspectos del Java. AspectJ extiende Java con una nueva clase de módulos llamado aspecto. Dada esta extensión cada programa válido en Java es también un programa en AspectJ válido. Un compilador de AspectJ produce ficheros de clases que conforman la especificación byte-code de Java, permitiendo a todas las máquinas virtuales de Java ejecutar esos ficheros de clase. Los aspectos cortan las clases, las interfaces y a otros aspectos. Los aspectos mejoran la separación de competencias haciendo posible localizar de forma limpia los conceptos de diseño del corte. (Laddad, 2003)

AspectJ consiste en dos partes: (Laddad, 2003)

1. La especificación del lenguaje: Define el lenguaje en el cual se va a escribir el código, con AspectJ se implementan los requerimientos de núcleo usando el lenguaje de programación Java y se usa a las extensiones dadas por el AspectJ para implementar el tejido de los requerimientos que atraviesan todo el sistema.

2. La implementación del lenguaje: Provee herramientas para la compilación, debugging e integración con los populares ambientes de desarrollo integrados (IDEs) por sus siglas en inglés.

2.2.2 Composición de los aspectos.

Los aspectos son la unidad central del AspectJ, de la misma forma que las clases lo son en Java. Estos contienen el código que expresa las reglas de tejido para el entrelazado estático y dinámico. Puntos de corte, avisos introducciones y declaraciones están encapsulados en un aspecto. También contienen datos y métodos como una clase de Java. (Laddad, 2003)

Un aspecto puede ser definido en un paquete, o como un aspecto interno, esto es, puede ser miembro de una clase, una interface o un aspecto.

Un aspecto en AspectJ esta formado por los elementos que siguen a continuación.

2.2.3 Puntos de Enlace.

Un punto de enlace es un punto identificable en la ejecución de un programa. Puede ser una llamada a un método o una asignación a un miembro de un objeto. En AspectJ todo se mueve alrededor de los puntos de enlace debido a que en ellos es donde el código base y el de aspectos son tejidos. (Laddad, 2003)

AspectJ utiliza una sintaxis basada en elementos comodines que sirven para capturar puntos de enlace que comparten características comunes. Dichos elementos son los siguientes: (Moreno, 2003)

- Un asterisco (*) denota cualquier número de caracteres excepto el punto.

- Dos puntos (..) seguidos denota cualquier número de caracteres incluyendo el punto.

- El símbolo de la suma (+) denota los descendientes de una clase.

2.2.4 Cortes.

Los cortes (pointcut) capturan colecciones de eventos en la ejecución de un programa. Estos eventos pueden ser invocaciones de métodos, invocaciones de constructores, y señalización y gestión de excepciones. Los cortes no definen acciones, simplemente describen eventos. Un corte está formado por una parte izquierda y una parte derecha, separadas ambas por dos puntos. En la parte izquierda se define el nombre del corte y el contexto del corte. La parte derecha define los eventos del corte. Los cortes se utilizan para definir el código de los aspectos utilizando avisos. (Quintero, 2000)

A los descriptores de eventos de la parte derecha de la definición del corte se les llama designadores. Un designador puede ser:(Quintero, 2000)

- Un método.
- Un constructor.
- Un manejador de excepciones.

Existen cortes primitivos y también definidos por el programador.

2.2.4.1 Cortes primitivos. (Asteasuain and Contreras, 2002)

AspectJ incluye una variedad de designadores de cortes primitivos que identifican puntos de enlace de diferentes formas. Los designadores de cortes primitivos son:

- **Call**: call(PatróndeMétodo), call(PatróndeConstructor).

38

Captura todos los puntos de enlace de llamadas a métodos o constructores cuyo encabezamiento coincide con el respectivo patrón.

- **Execution**: execution(PatróndeMétodo), execution(PatróndeConstructor).

  Captura todos los puntos de enlace de ejecución de métodos o constructores cuyo encabezamiento coincide con el respectivo patrón.

- **Get**: get(PatróndeAtributo)

  Captura todos los puntos de enlace de referencia a los atributos que coinciden con el patrón correspondiente.

- **Set**: set(PatróndeAtributo)

  Captura todos los puntos de enlace de asignación a los atributos que coinciden con el patrón correspondiente.

- **Initialization**: initialization(PatróndeConstructor)

  Captura los puntos de enlace de las inicializaciones de los objetos cuyos constructores coinciden con el patrón.

- **Staticinitialization**: staticinitialization(PatróndeClase)

  Captura los puntos de enlace de ejecución de un inicializador estático de las clases que coinciden con el patrón.

- **Handler**: handler(PatróndeClase)

  Captura los manejadores de excepción de las clases de excepciones que coinciden con el patrón.

- **This**: this(PatróndeClase), this(identificador)

  Captura todos los puntos de enlace donde el objeto actual (el objeto ligado a this) es una instancia de una clase que coincide con el PatróndeClase, o es instancia de una clase que coincide con la clase asociada al identificador.

- **Target**: target(PatróndeClase), target(identificador)

  Captura todos los puntos de enlace donde el objeto objetivo (el objeto sobre el cual se invoca un método o una operación de atributo) es una instancia de una clase que coincide con el PatróndeClase, o es instancia de una clase que coincide con la clase asociada al identificador.

- **Args**: args(PatróndeClase, . . .),args(identificador, . . .)

  Captura todos los puntos de enlace donde los argumentos son instancias de una clase que coincide con el PatróndeClase o con la clase del identificador. Si es un PatróndeClase entonces el argumento en esa posición debe ser instancia de una clase que coincida con el PatróndeClase. Si es un identificador entonces el argumento en esa posición debe ser instancia de una clase que coincida con la clase asociada al identificador (o cualquier clase si el identificador está asociado aObject.

- **Within**: within(PatróndeClase)

  Captura todos los puntos de enlace donde el código que se está ejecutando está definido en una clase que coincide con el patrón. Incluye la inicialización de la clase, del objeto, puntos de enlaces de ejecución de métodos y constructores, y puntos de enlaces asociados con las sentencias y expresiones de la clase.

- **Withincode**: withincode(PatróndeMétodo),withincode(PatróndeConstructor)

  Captura todos los puntos de enlace donde el código que se está ejecutando está definido en un método o constructor que coincide con el patrón correspondiente. Incluye todos los puntos de enlace de ejecución de métodos y constructores, y puntos de enlaces asociados con las sentencias y expresiones del método o constructor. Estos dos últimos cortes primitivos, within y withincode, tratan con la estructura léxica del programa.

- **Cflow**: cflow(Corte)

  Captura todos los puntos de enlace en el flujo de control de los puntos de enlace capturados por el corte pasado como parámetro.

- **Cflowbelow**: cflowbelow(Corte)

  Captura todos los puntos de enlace en el flujo de control debajo de los puntos de enlace capturados por el corte pasado como parámetro, sin incluir el punto de enlace inicial del flujo de control.

- **If**: if(Expresiónbooleana)

  Captura todos los puntos de enlace cuando la expresión booleana se satisface.

2.2.4.2 Cortes definidos por el programador. (Asteasuain and Contreras, 2002)

El programador puede definir nuevos cortes asociándoles un nombre con la declaración pointcut.

pointcut nombre(<Parametros_formales>): <Corte>;

donde <Parametros_formales> expone el contexto del corte, y < Corte> puede ser un corte primitivo o definido por el programador.

Un corte nombrado puede ser definido tanto en una clase como en un aspecto y es tratado como un miembro de esa clase o aspecto. Como miembro puede tener modificadores de acceso privado o público (**private** o **public**). No se permite la sobrecarga de cortes definidos por el programador. Por lo tanto será un error de compilación cuando dos cortes en una misma clase o aspecto tengan asociado el mismo nombre. Esta es una de las diferencias con la declaración de métodos. El alcance de un corte definido por el programador es la declaración de la clase o aspecto que lo contiene. Es diferente al alcance de otros miembros que sólo se limitan al cuerpo de la clase o aspecto. Los cortes pueden declararse como abstractos, y son definidos sin especificar su cuerpo. Estos cortes sólo pueden declararse dentro de un aspecto declarado abstracto.

En el siguiente ejemplo de lenguaje base:

```
public class Prueba {

    String test ;
    public Prueba( String x)
    {
    test = x;
    }
    public String toString()
    {
    return "Prueba [" + test + "]";
    }
    public static void main( String args[])
    {
    Prueba h = new Prueba( "Aspecto");
    System.out.println( h );
    }

}
```

Figura 2.6: Código base.

En la *Figura 2.7* se muestra un ejemplo de corte definido por el programador que captura el punto de enlace en la ejecución del método toString de la clase Prueba.

```
pointcut enPrueba() :
    execution(public * Prueba.toString(..));
```

Figura 2.7: Estructura de un punto de corte definido por el programador.

2.2.4.3 Composición de los cortes (Asteasuain and Contreras, 2002)

Los cortes se pueden componer utilizando los operadores algebraicos o ("‖"), y ("&") y no ("!").
También se pueden utilizar caracteres comodines en la descripción de los eventos.

Los cortes se pueden componer en la Forma Normal de Backus de la siguiente forma:

```
<Corte>::= <Corte_Primitivo>| <Corte_Definido_por_el_programador> |
           <Corte> && <Corte>    |
           <Corte> ‖   <Corte>   |
           !<Corte>               |
           (<Corte>)
```

Figura 2.8: Notación BNF de la composición de un corte.(Asteasuain and Contreras, 2002)

La semántica de los operadores es la siguiente:

<Corte>1 && <Corte>2 : captura todos los puntos de enlace de Corte1 y todos los puntos de enlace de Corte2.

<Corte>1‖ <Corte>2 : captura todos los puntos de enlace de Corte1 o todos los puntos de enlace de Corte2.

!<Corte>: captura todos los puntos de enlace que no captura Corte.

(<Corte>): captura todos los puntos de enlace que captura Corte.

2.2.5 Avisos.

Un aviso es el código que se va a ejecutar en el punto de enlace que ha sido seleccionado por un punto de corte, un aviso puede ejecutarse antes, después o durante el punto de unión. (Laddad, 2003)

El cuerpo de un aviso se parece mucho al cuerpo de un método, ya que encapsula la lógica que debe ser ejecutada cuando se alcanza cierto punto de enlace en la ejecución. Los puntos de corte identifican *dónde* y los avisos lo completan indicando *qué* hacer. (Moreno, 2003)

AspectJ soporta tres tipos de avisos. El tipo de un aviso determina cómo éste interactúa con el punto de enlace sobre el cual está definido. AspectJ divide a los avisos en: (Asteasuain and Contreras, 2002)

- Aviso "Antes"(Before): aquellos que se ejecutan antes del punto de enlace.

- Aviso "Después" (After): aquellos que se ejecutan después del punto de enlace.

- Aviso "Durante" (Around): aquellos que se ejecutan en lugar del punto de enlace.

El aviso "antes" no presenta mucha complejidad como podemos ver en la *Figura 2.9*.

```
pointcut enPrueba() :
    execution(public * Prueba.toString(..));
    before() : enPrueba() {
    System.out.println("Antes de: " +
    thisJoinPoint);
```

Figura 2.9: Estructura de un aviso before.

Con el lenguaje base dado anteriormente tenemos un punto de corte que hace referencia al punto de enlace de la ejecución del método toString y el aviso antes lo que hace es imprimir el texto antes de la ejecución del método como lo muestra la siguiente salida:

Antes de: execution(String Prueba.toString ())

Prueba [Aspecto]

Igual ocurre con el aviso "después" con la diferencia que se ejecuta después de la ejecución del método como lo muestra la *Figura 2.10*.

```
pointcut enPrueba() :
    execution(public * Prueba.toString(..));
    after() : enPrueba() {
    System.out.println("Despues de: " +
    thisJoinPoint);
```

Figura 2.10: Estructura de un aviso after.

El aviso "durante" se ejecuta en lugar del punto de enlace asociado al mismo y no antes o después de éste. El aviso puede retornar un valor, como si fuera un método y por lo tanto debe declarar un tipo de retorno. El tipo de retorno puede ser **void**, indicando el caso en que en el aviso no se desee devolver valor alguno; en esta situación el aviso retorna el valor que devuelve el punto de enlace. Su estructura puede verse en la *Figura 2.11*. (Asteasuain and Contreras, 2002)

```
execution(public * Prueba.toString());
String around() : enPrueba() {
String ex = new String("Ejecutamos esto en vez de toString");
return ex;|
}
```

Figura 2.11: Estructura de un aviso <u>around</u>.

En el cuerpo del aviso se puede ejecutar la computación original del punto de enlace utilizando la palabra reservada **proceed** (<Lista_Argumentos>), que toma como argumentos el contexto expuesto por el aviso y retorna el valor declarado en el aviso. La notación BNF de los avisos se muestra en la *Figura 2.12*. (Asteasuain and Contreras, 2002)

```
<Aviso>::=<Tipo_aviso> : <Corte> {<Cuerpo>}
<Tipo_aviso>::= <Aviso_antes> | <Aviso_despues> | <Aviso_durante>
<Aviso_antes>::= before (<Parametros_formales>)

<Aviso_despues> ::= after (<Parametros_formales>) <Forma_terminacion>
<Forma_terminacion>::= returning [(<Parametro_formal>) ] |
                       throwing [(<Parametro_formal>) ] |
                       λ

<Aviso_durante>::= <Nombre_Clase> around (<Parametros_formales>)
                   [ throws <Lista_Clases>]
```

Figura 2.12: Notación BNF de la composición de un aviso.(Asteasuain and Contreras, 2002)

Los avisos presentan un comportamiento, una vez que se arriba a un punto de enlace, todos los avisos del sistema son examinados para ver si alguno se aplica al punto de enlace. Aquellos que sí, son agrupados, ordenados según las reglas de precedencia, y ejecutados como sigue: (Asteasuain and Contreras, 2002)

1. Primero, cualquier aviso "durante" es ejecutado, los de mayor precedencia primero. Dentro del código del aviso "durante", la llamada a **proceed ()** invoca al próximo aviso "durante" que le sigue en precedencia. Cuando ya no quedan más avisos "durante" se pasa al punto 2.

2. Se ejecutan todos los avisos "antes" según su orden de precedencia (de mayor a menor).

3. Se ejecuta la computación del punto de enlace.

4. La ejecución de los avisos "después normal" y "después con excepción" depende de cómo resultó la ejecución en el punto 3 y de la terminación de avisos "después normal" y "después con excepción" ejecutados anteriormente.

5. Si la terminación es normal todos los avisos "después normal" se ejecutan, los de menor precedencia primero.

6. Si ocurre una excepción todos los avisos "después con excepción" que coinciden con la excepción se ejecutan, los de menor precedencia primero. (esto significa que los avisos "después con excepción" pueden manejar excepciones señaladas por avisos "después normal" y "después con excepción" de menor precedencia.

7. Se ejecutan todos los "avisos después", los de menor precedencia primero.

8. Una vez que se ejecutan todos los avisos "después" el valor de retorno del punto 3 (si es que hay alguno) es devuelto a la llamada **proceed** correspondiente del punto 1 y ese aviso "durante" continúa su ejecución.

9. Cuando el aviso "durante" finaliza, el control pasa al próximo aviso "durante" con mayor precedencia.

10. Cuando termina el último aviso "durante", el control retorna al punto de enlace.

AspectJ provee un variable especial, thisJointPoint, que se ha utilizado en los anteriores ejemplos, la misma contiene información reflexiva sobre el punto de enlace actual para ser utilizada por un aviso. Esta variable sólo puede ser usada en el contexto de un aviso y está ligada a un objeto de clase JoinPoint que encapsula la información necesaria. La razón de su existencia es que algunos cortes pueden agrupar un gran número de puntos de enlaces y es deseable acceder a la información de cada uno.

2.2.6 Introducciones.

Las introducciones (introduction) se utilizan para introducir elementos completamente nuevos en las clases dadas. Su composición está reflejada en la *Figura 2.13.* Entre estos elementos podemos añadir: (Quintero, 2000)

- Un nuevo método a la clase.

- Un nuevo constructor.

- Un atributo.

- Varios de los elementos anteriores a la vez.

- Varios de los elementos anteriores en varias clases.

```
<Introducciones>::=<IntroduccionesdeAtributos> |
                   <IntroduccionesdeMetodos> |
                   <IntroduccionesdeMetodosAbstractos>|
                   <IntroduccionesdeConstructores>

<IntroduccionesdeAtributos>::=
[<Modificadores>] <Nombre_Clase> <PatrondeClase>.<Identificador>
[= <expresión>] ;

<IntroduccionesdeMetodos>::=
[<Modificadores>] <Nombre_Clase>
<PatrondeClase>.<Identificador>(<Parametros_formales>)
  [ throws <Lista_Clases>] {<Cuerpo>}

<IntroduccionesdeMetodosAbstractos>::=
abstract [<Modificadores>] <Nombre_Clase>
<PatrondeClase>.<Identificador>(<Parametros_formales>)
  [ throws <Lista_Clases>] ;

<IntroduccionesdeConstructores>::=
[<Modificadores>]
<PatrondeClase>.new(<Parametros_formales>)
  [ throws <Lista_Clases>] {<Cuerpo>}
```

Figura 2.13: Notación BNF de la composición una introducción.(Asteasuain and Contreras, 2002)

2.2.7 Patrones.

AspectJ también permite especificar patrones. Un Patrón de Método es una descripción abstracta que permite agrupar uno o más métodos según su encabezamiento. Un patrón para los métodos sigue el esquema de la *Figura 2.14*. (Asteasuain and Contreras, 2002)

```
<PatróndeMétodo>::=
[<ModificadoresdeMetodos>]
<PatróndeClase>[<PatróndeClase>.]
<PatróndeIdentificador>(<PatrondeClase>,...)[throws<PatróndeExcepción> ]
```

Figura 2.14: Notación BNF de la composición de los patrones.(Asteasuain and Contreras, 2002)

El esquema incluye los modificadores de métodos como **static**, **private** o **public**, luego las clases de los objetos retornados, las clases a las cuales pertenece el método, el nombre del método, que puede ser un patrón, los argumentos, que también pueden ser patrones, y la cláusula throws que corresponda. (Asteasuain and Contreras, 2002)

Los patrones de clase pueden componerse utilizando los operadores lógicos **&&** ("y"), **||** ("o"), **!**("no") y los paréntesis.

2.2.8 Declaraciones en tiempo de compilación.

Las declaraciones en tiempo de compilación son instrucciones estáticas que permiten añadir advertencias y errores en tiempo de compilación después de detectar ciertos patrones de uso.

2.2.9 Ventajas del AspectJ.

El objetivo de la POA es identificar y separar conceptos no funcionales que afectan horizontalmente a la descomposición dominante de una aplicación. Para conseguir este objetivo AspectJ extiende Java aumentando el modelo Orientado a Objetos definiendo nuevos constructores que permiten la definición de aspectos capaces de encapsular en módulos separados conceptos dispersos por la estructura de clases, así como constructores para definir los puntos de enlace donde las clases o métodos han de ser modificados. Cada aspecto puede afectar a varias clases, lo que permite localizar de manera efectiva la implementación de los aspectos. (Moreno, 2003)

AspectJ es una herramienta buena para incluir cierto comportamiento en muchos sitios diferentes de una aplicación.

2.2.10 Desventajas del AspectJ.

La principal desventaja de este lenguaje es que el entrelazado de código solo puede llevarse a cabo cuando se dispone del código fuente original. Además los mecanismos de encapsulación son violados ya que esencialmente lo que hace AspectJ es incrustar el código de los aspectos en cada lugar especificado por los puntos de unión generando el efecto de invasión de código. (Aguirre, 2004)

El modulado de aspectos por medio de lenguajes como ApectJ y la invasión resultante en el sistema compilado generan un problema de impedancia, es decir, el modelo de programación de aspectos esta soportado por un modelo de ejecución orientado a objetos/procedimientos. (Aguirre, 2004)

2.3. Conclusiones Parciales.

➤ Los aspectos no solo se limitan a la etapa de implementación sino también a la del diseño, desarrollado en UML, lo que permite organizar mejor la estructura de un software orientado a aspectos.

➤ El lenguaje de aspectos AspectJ ya es un lenguaje que ha alcanzado cierta madurez, permitiendo lograr mayores funcionalidades en la estructura de un software.

CAPÍTULO 3. IMPLEMENTACIÓN DE UNA APLICACIÓN ORIENTADA A ASPECTOS Y COMPARACIÓN ENTRE POA Y POO.

En el siguiente capítulo se tratarán las herramientas utilizadas en la implementación de una sencilla aplicación orientada a aspectos, así como dicho programa. Las herramientas son el Integrated Development Environment (IDE) de Java Eclipse 3.4 y el AspectJ Development Tools (AJDT) 1.6.4. También se realizará una comparación entre los paradigmas Orientados a Objetos y a Aspectos teniendo en cuenta los aspectos ventajosos e inconvenientes de cada uno.

3.1. Facilidades que ofrece el Eclipse con el AJDT incluido.

Un creciente número de desarrolladores está aprovechando la sofisticada funcionalidad presente en los IDEs modernos debido a las facilidades que brinda a la hora de programar. También la Programación Orientada a Aspectos cada vez está tomando mayor aceptación por lo que se han desarrollado varias herramientas que le permitan al programador aprovechar las ventajas que proporcionan los IDEs a la hora de programar en aspectos. Ejemplos de estas herramientas son el AJDE para NetBeans y el AJDT 1.6.4 para el Eclipse 3.4.

El Eclipse es un IDE de Java que posee varias comodidades al programador, el AJDT tiene dos directorios, uno llamado features y otro llamado plugins, basta con añadir los ficheros que están en estos directorios en los que tiene el Eclipse con el mismo nombre respectivamente, entonces se tiene una herramienta capaz de facilitar la implementación de aspectos, para crear un nuevo proyecto es necesario remitirse al menú **File** > **New** > **ApectJ Project**, una vez en el proyecto ya se pueden crear lo mismo clases que aspectos con ejecutar clic secundario encima del nombre de dicho proyecto, seleccionar **New** en el menú que aparece y elegir lo que se va a implementar, después a la hora de programar en AspectJ también se puede disponer de las comodidades del IDE tratado, algunas son las siguientes:

3.1.1 Visualización en el editor.

Aparte de los diferentes colores de las palabras reservadas, la principal diferencia en este editor son las marcas en la parte izquierda y derecha del mismo. Las pequeñas barras de la derecha (⬚) indican en que parte del código las marcas de la izquierda ocurren, y pueden ser seleccionadas para navegar hasta esa localización. Las marcas de la parte izquierda indican una localización particular del código que es afectada por los avisos before (✿), after (✾), o around (✆) como se puede observar en la *Figura 3.1*. El marcador de aviso general (✦) se usa para indicar una combinación de avisos que afectan la misma localización del código.(**Chapman**, 2006)

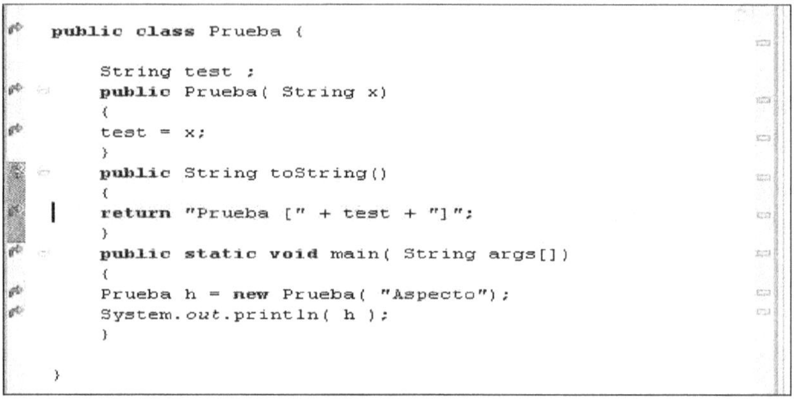

```
public class Prueba {

    String test ;
    public Prueba( String x)
    {
    test = x;
    }
    public String toString()
    {
    return "Prueba [" + test + "]";
    }
    public static void main( String args[])
    {
    Prueba h = new Prueba( "Aspecto");
    System.out.println( h );
    }

}
```

Figura 3.1: Ejemplo de marcas.

3.1.2 Control-Space para el completamiento.

El editor de AspectJ provee el completamiento de código dentro de métodos definidos en los aspectos y dentro de los bloques de avisos, al presionar Control-Space encima de una localización el editor despliega una lista de posibles completamientos incluyendo la variable local location, los parámetros de avisos mon y ticks, las variables especiales de AspectJ thisJointPoint and thisJointPointStaticPart así como métodos heredados de Object.

En la siguiente figura se puede observar el completamiento de la palabra reservada pointcut:

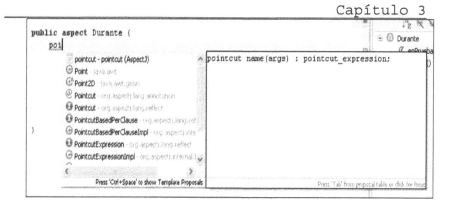

Figura 3.2: Ejemplo de completamiento.

3.1.3 Corrección de errores.

Otra característica invaluable de este editor es mostrar errores sintácticos mientras se escribe subrayándolos con un garabato rojo, adicionalmente puede mostrar una lista con las sugerencias de forma correcta como lo muestra la Figura 3.3.

```
public aspet Durante {
    Syntax error, insert "aspect Identifier" to complete aspect header
                                    Press 'F2' for focus
    String around() : enPrueba() {
    String ex = proceed();
    return ex;
    }
}
```

Figura 3.3: Ejemplo de corrección de errores.

3.1.4 Vista en Outline.

La vista outline del Eclipse muestra la estructura del documento actual. La estructura de un aspecto es similar a la de una clase. Los nuevos tipos de nodos son aspectos, puntos de corte, avisos y declaraciones, por ejemplo en la Figura 3.4 se muestra el aspecto Durante que tiene un punto de corte y un aviso around.

Figura 3.4: Vista de la ventana Outline.

3.1.5 Decorador de Avisos.

Cuando un elemento de Java se muestra en la vista del Eclipse está acompañado por un ícono que indica que tipo de elemento es y su visibilidad. Un decorador de imágenes adicional lo provee el AJDT para indicar cuáles elementos están afectados por avisos. Estos tienen la forma de un pequeño triángulo color naranja en la parte izquierda del elemento, como se muestra en la Figura 3.5 los métodos Prueba, toString y main están afectados por avisos. (Chapman, 2006)

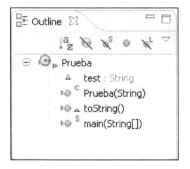

Figura 3.5: Ejemplo de métodos afectados por avisos.

3.1.6 Compilación incremental

Al usar un IDE se reduce el tiempo que demora completar el ciclo editar-compilar-ejecutar-debug, ganando gran productividad. El compilador incremental de Java en Eclipse es muy bueno solo recompilando lo que sea necesario basado en el editor, que con simples cambios el paso de la compilación frecuentemente ocurre muy rápido; el compilador de AspectJ usado en AJDT es basado en este compilador y apunta a ser muy eficiente. El proceso es más complejo pero la mayoría de los cambios simples en clases y aspectos resultarán una compilación incremental rápida, otros cambios como los puntos de corte o avisos que hayan sido definidos ya requieren una construcción completa. (Chapman, 2006)

3.2. Implementación de una aplicación orientada a aspectos

Tratando de observar objetivamente las funcionalidades que otorga la Programación Orientada a Aspectos se implementó una aplicación sencilla llamada ProyectoOA la cual tiene una clase que realiza un cálculo y que está afectada por cuatro aspectos.

3.2.1 Notación UML

Como se observó en el capítulo anterior también la programación en aspectos se ha logrado llevar al nivel de diseño. En general el aspecto, en *Unified Modeling Language* se representa como un rectángulo de clase con el estereotipo <<aspecto>>. Las relaciones aspecto-clase son de dependencia del tipo abstracción con el estereotipo realización (<<realiza>>). En la Figura 3.6 se muestra, diseñado en el *Rational Rose*, la clase principal (base), con sus funciones calc y main que realizan la funcionalidad básica y que está afectada por cuatro aspectos: advertencia; comportamiento, con la operación que realiza que es en el punto de enlace de la ejecución de la función calc, en el diseño de los aspectos las operaciones tienen el estereotipo <<tejido>>; tratamiento, con igual operación y capturar, los mismos están interrelacionados con la clase principal mediante la relación "realiza".

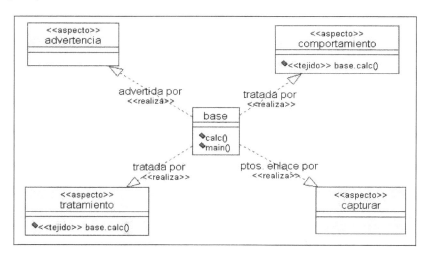

Figura 3.6: Notación UML de la aplicación ProyectoOA.

3.2.2 Implementación

Como se ha podido observar el Eclipse con el AJDT incluido ofrece al programador determinadas facilidades en el momento de la implementación, aprovechando estas características se implementó la aplicación antes mencionada.

Acorde con los principios de la Programación Orientada a Aspectos la funcionalidad básica del software se implementa en un lenguaje base orientado a objetos, en este caso el Java, debido a que es el lenguaje base del AspectJ, que es el seleccionado para programar los aspectos, como se muestra en el *Anexo 1.*

Esta clase tiene una función *calc* que calcula un average, mientras que la función *main* captura los datos entrados por teclado, así como guarda los mismos en las funciones *vb* y *h* respectívamente, invocando luego a *calc* para efectuar el cálculo y después imprimir el resultado.

Una vez implementada la funcionalidad básica se pueden programar los aspectos, a la hora de imprimir textos en consola, a veces se puede descuidar la ortografía, o en otro caso puede existir un software que no necesite imprimir en consola, el aspecto *advertencia*, implementado en AspectJ cuida de estos menesteres. Como se muestra en la *Figura 3.7* dicho aspecto implementa una declaración en tiempo de compilación cuyos patrones de uso son capturar la salida estándar y la de error para advertir al programador cuando ejecute una de ellas.

```
public aspect advertencia
{
    declare warning : (get (* System.out) || get(* System.err)) :
        "Warning!!!...ya podemos tener en cuenta las salidas estándar,revise su ortografía";

}
```

Figura 3.7: Código del aspecto advertencia.

Como lo muestra la Figura 3.8 el aspecto advertencia ya influye sobre el código base y a la izquierda de donde están las salidas estándar aparece el icono de la advertencia, que al marcarlo muestra la naturaleza de la misma, en este caso la que se implementó.

```
     Integer vb,h,ave;
     BufferedReader in = new BufferedReader(new InputStreamReader(System.in));
Warning!!!...ya podemos tener en cuenta las salidas estándar,revise su ortografía ate:");
     aux = in.readLine();
     vb = Integer.parseInt(aux);
     System.out.println("Introduzca los hits conectados por el bateador:");
```

Figura 3.8: Acción del aspecto advertencia.

Aquí se puede observar como el aspecto puede influir sobre los objetos, agregando nuevas funcionalidades a los programas con un método sencillo, que con otros paradigmas fuera imposible de programar, o al menos mucho más trabajoso y costoso.

Antes de definir otros aspectos es necesario capturar los posibles puntos de enlace que tiene el sistema debido a que ellos son el punto de referencia que necesita el tejedor a la hora de tejer la funcionalidad básica con el código de aspectos y conformar la aplicación final. Con este fin se implementa un aspecto llamado capturar. Como se puede ver en la *Figura 3.9* dicho aspecto posee un corte primitivo que captura todos los puntos de enlace donde el código que se está ejecutando esta definido en la clase *base*, o sea que se capturan todos los puntos de enlace de la clase *base* y con la ayuda de la variable especial thisJoinPoint que captura el punto de enlace actual imprime todos los puntos de enlace como se muestra en el *Anexo 2.*

```
public aspect capturar {
    pointcut cap() : within(base);
    before() : cap() {
    System.out.println("Punto de enlace: " + thisJoinPoint);
    }

}
```

Figura 3.9: Estructura del aspecto capturar.

Como ya se han obtenido los puntos de enlace entonces se pueden tener cortes definidos por el programador. Como se muestra en la *Figura 3.10* se crea un corte en el punto de enlace que es la ejecución a la función *calc*, anteriormente capturado por el aspecto *capturar* (Ver Anexo 2), a este punto de corte se le agregan un aviso before y uno after, el primero realiza una impresión que indica que se va a realizar el cálculo justo antes de que se ejecute la función que lo realiza mientras que el otro aviso realiza la impresión después.

```
public aspect comportamiento {
    pointcut encalcular() :
        execution(int base.calc(int, int));
        before() : encalcular() {
            System.out.println("Vamos a calcular");
        }
        after () : encalcular() {
        System.out.println("El promedio de bateo es:");
        }

}
```

Figura 3.10: Estructura del aspecto comportamiento.

Con este aspecto se le puede agregar comportamiento a los objetos, implementando funcionalidades desde dentro en la ejecución del programa, con un código más limpio y bien estructurado.

Una de las ventajas de la Programación Orientada a Aspectos es su facilidad para el tratamiento de errores, estos se pueden manipular con un código más sencillo y menos costoso, en el cálculo que se realiza en la función *calc* hay una división por cero, la cual no esta definida por lo que hay que realizar el consiguiente tratamiento de errores. Como muestra la *Figura 3.11* el aspecto *tratamiento* se encarga de ello, debido a que en la ejecución de la función *calc* es donde se pueden generar errores es tomada como punto de enlace creando un corte un la misma, y si se produce el error el aspecto lo manipula auxiliándose del aviso after.

```
public aspect tratamiento {

    pointcut function_eleva_errores():

            execution (int base.calc(int, int));

        after() throwing (ArithmeticException e): function_eleva_errores ()
        {
          System.out.println("EL aspecto manipuló el error, las veces al bate no pueden ser 0");

        }
    }
```

Figura 3.11: Estructura del aspecto tratamiento.

En la siguiente figura se muestra como el aspecto manipula el error a la hora de realizar el cálculo que tiene una división por cero:

```
Introduzca las veces al bate:
6
Introduzca los hits conectados por el bateador:
1
Vamos a calcular
EL aspecto manipuló el error, las veces al bate no pueden ser 0
El promedio de bateo es:
```

Figura 3.12: Acción del aspecto tratamiento.

3.3. Funcionalidades que agrega la Programación Orientada a Aspectos.

Como se ha podido observar durante la implementación la POA agrega nuevas funcionalidades a la hora de programar aplicaciones:

✓ Agregar código a ciertos métodos. Es posible agregar consejos a uno o más métodos a la vez.

✓ Modificar una clase. Es posible agregar métodos y atributos a una clase sin crear nuevos tipos.

✓ Agregar código y comportamiento sin tener que prever con anterioridad dónde, lo cual hace más comprensible el código de la descomposición dominante.

3.4. Ventajas de la Programación Orientada a Aspectos.

✓ Permite una implementación modulada reduciendo el acoplamiento entre sus partes.

✓ El código es más limpio, más fácil de entender y de mantener.

✓ Mayor reutilización, los aspectos tienen mayores probabilidades de ser reutilizados en otros sistemas con requerimientos similares.

✓ Los sistemas son más adaptables a cambios, la separación de conceptos permite agregar nuevos aspectos, modificarlos o removerlos fácilmente.

3.5. Desventajas de la Programación Orientada a Aspectos.

✓ Posibles choques entre el código funcional (expresado en el lenguaje base) y el código de aspectos (expresados en los lenguajes de aspectos). (Víquez)

✓ Posibles choques entre el código de aspectos y los mecanismos del lenguaje, uno de los ejemplos más conocidos de este problema es la anomalía de herencia. (Víquez)

✓ Posibles choques entre los aspectos, un ejemplo clásico es tener dos aspectos que trabajan perfectamente por separado pero al aplicarlos conjuntamente resultan en un comportamiento anormal. (Víquez)

3.6. Comparación entre la Programación Orientada a Objetos y la Programación Orientada a Aspectos.

- En relación a la estructura en POA los objetos se relacionan con los aspectos y solo los segundos controlan ciertos requerimientos no funcionales mientras que en POO los sistemas toman la forma de un conjunto de objetos que colaboran entre si.

- En relación al modelado de conceptos POA tiene su mayor fortaleza cuando se trata de modelar conceptos diferentes; mientras que POO tiene su mayor fortaleza cuando hay que modelar conceptos comunes.

- En relación al el tiempo de diseño en POA en comparación con POO, es mayor debido a que el analista tiene que tener un mayor nivel de abstracción en los diagramas.

- En relación al momento de desarrollar un nuevo requerimiento, en POA es mucho más sencillo y más ágil que POO debido a que cuenta con un código menos enredado y menos enmarañado.

3.7. Conclusiones parciales

➢ Se puede afirmar que el IDE de Java Eclipse con el AJDT incluido es una buena herramienta para implementar aplicaciones orientadas a aspectos en AspectJ debido a que le permite al programador aprovechar todas las comodidades que brinda.

➢ Se ponen de manifiesto las nuevas funcionalidades que implementan los aspectos.

➢ Se muestran los aspectos ventajosos e inconvenientes de la POA.

➢ Se pueden observar los pro y contra de la Programación Orientada a Aspectos con respecto a la Programación Orientada a Objetos en cuanto a determinadas características.

Conclusiones

1) Se abordaron los conceptos fundamentales de la Programación Orientada a Aspectos, un nuevo paradigma de programación que posee características diferentes a sus predecesores.

2) Se pudo comprobar la existencia de una extensión del Lenguaje Unificado de Modelado (UML) que permite realizar el diseño a los aspectos, logrando con ello una mejor organización a la hora de implementar una aplicación.

3) Se mostró que el AspectJ es un lenguaje que permite desarrollar con facilidad sistemas orientados a aspectos, aprovechando las nuevas funcionalidades que implementa.

4) Se pudieron observar, al implementar una aplicación utilizando POO y POA, las ventajas y desventajas de los aspectos respecto a los objetos.

Recomendaciones

1. La Programación Orientada a Aspectos es un paradigma de programación joven y con determinadas ventajas con respecto a sus predecesores, por lo que se recomienda continuar su estudio en lo adelante.

2. Es recomendable además que el Laboratorio de Programación e Ingeniería de Software trate de desarrollar alguna aplicación con Programación Orientada a Aspectos de modo demostrativo, pero con un resultado aplicable concreto, no solo para tomar experiencia sino también palpar las ventajas de este nuevo paradigma.

Referencias Bibliográficas

AGUIRRE, U. J. M. J. O. O. (2004) Soporte dinámico para mejorar la expresívidad en lenguajes orientados a aspectos. Mexico D.F.

ASTEASUAIN, F. & CONTRERAS, B. E. (2002) PROGRAMACIÓN ORIENTADA A ASPECTOS Análisis del paradigma. *Departamento de Ciencias e Ingeniería de la Computación.* Buenos Aires, UNIVERSIDAD NACIONAL DEL SUR

CERON, J. I. S. (2008a) AspectJ. http://www.gestorpoa.net.

CERON, J. I. S. (2008b) JPAL. http://www.gestorpoa.net.

CHAPMAN, M. (2006) Making AspectJ development easier with AJDT

GARSON, E. Aspect-Oriented Programming in C#/.NET. Dunstan Thomas Consulting.

GREGOR KICZALES, J. L., ANURAG MENDHEKAR, CHRIS MAEDA, CRISTINA VIDEIRA LOPES, & JEAN-MARC LOINGTIER, J. I. (1997) Aspect-Oriented Programming. *European Conference on Object-Oriented Programming.* Finlandia, Springer-Verlag.

JUNICHI SUZUKI, Y. Y. (1999) Extending UML with Aspects: Aspect Support in the Design Phase. *European Conference on Object-Oriented Programming.*

KICILLOF, N. (2004) Programación Orientada a Aspectos (AOP). Buenos Aires, Universidad de Buenos Aires.

LADDAD, R. (2002) I want my AOP! Part1. JavaWorld.com.

LADDAD, R. (2003) *AspectJ in Action PRACTICAL ASPECT-ORIENTED PROGRAMMING,* Greenwich.

LAMPING, J. (1997) The Interaction of Components and Aspects *European Conference on Object-Oriented Programming. 1997.*

LAMPING, J. (1999) The role of the base in aspect oriented programming *European Conference on Object-Oriented Programming.* Xerox PARC.

LIEBERHERR, R. S. http://www.ccs.neu.edu/research/demeter. Boston, College of Computer and Information Science Northeastern University.

MORENO, J. M. N. (2003) **AspectJ en la Programación Orientada a Aspectos.** *Escuela Técnica Superior de Ingeniería Informática.* España, Universidad de Sevilla, España.

QUINTERO, A. M. R. (2000) Visión General de la Programación Orientada a Aspectos. *Departamento de Lenguajes y Sistemas Informáticos.* Sevilla, Universidad de Sevilla.

VÍQUEZ, A. V. Programación Orientada a Aspectos.

Bibliografía

AGUIRRE, U. J. M. J. O. O. (2004) Soporte dinámico para mejorar la expresividad en lenguajes orientados a aspectos. Mexico D.F.

ASTEASUAIN, F. & CONTRERAS, B. E. (2002) PROGRAMACIÓN ORIENTADA A ASPECTOS Análisis del paradigma. *Departamento de Ciencias e Ingeniería de la Computación.* Buenos Aires, UNIVERSIDAD NACIONAL DEL SUR

CERON, J. I. S. (2008a) AspectJ. http://www.gestorpoa.net.

CERON, J. I. S. (2008b) JPAL. http://www.gestorpoa.net.

CHAPMAN, M. (2006) Making AspectJ development easier with AJDT

GARSON, E. Aspect-Oriented Programming in C#/.NET. Dunstan Thomas Consulting.

GREGOR KICZALES, J. L., ANURAG MENDHEKAR, CHRIS MAEDA, CRISTINA VIDEIRA LOPES, & JEAN-MARC LOINGTIER, J. I. (1997) Aspect-Oriented Programming. *European Conference on Object-Oriented Programming.* Finlandia, Springer-Verlag.

JUNICHI SUZUKI, Y. Y. (1999) Extending UML with Aspects: Aspect Support in the Design Phase. *European Conference on Object-Oriented Programming.*

KICILLOF, N. (2004) Programación Orientada a Aspectos (AOP). Buenos Aires, Universidad de Buenos Aires.

LADDAD, R. (2002) I want my AOP! Part1. JavaWorld.com.

LADDAD, R. (2003) *AspectJ in Action PRACTICAL ASPECT-ORIENTED PROGRAMMING,* Greenwich.

LAMPING, J. (1997) The Interaction of Components and Aspects *European Conference on Object-Oriented Programming. 1997.*

LAMPING, J. (1999) The role of the base in aspect oriented programming *European Conference on Object-Oriented Programming.* Xerox PARC.

LIEBERHERR, R. S. http://www.ccs.neu.edu/research/demeter. Boston, College of Computer and Information Science Northeastern University.
.

MORENO, J. M. N. (2003) **AspectJ en la Programación Orientada a Aspectos**. *Escuela Técnica Superior de Ingeniería Informática.* España, Universidad de Sevilla, España.

QUINTERO, A. M. R. (2000) Visión General de la Programación Orientada a Aspectos. *Departamento de Lenguajes y Sistemas Informáticos.* Sevilla, Universidad de Sevilla.

VÍQUEZ, A. V. Programación Orientada a Aspectos.

Anexos

```
import java.io.*;

public class base
{

    public int calc(int vb,int h)
    {
        return h*1000/vb;
    }

    public static void main(String[] args)throws IOException
    {
      String aux;
      Integer vb,h,ave;
      BufferedReader in = new BufferedReader(new InputStreamReader(System.in));
      System.out.println("Introduzca las veces al bate:");
      aux = in.readLine();
      vb = Integer.parseInt(aux);
      System.out.println("Introduzca los hits conectados por el bateador:");
      aux = in.readLine();
      h = Integer.parseInt(aux);
      base bs = new base();
      ave = bs.calc(vb, h);
      System.out.println(ave);

    }

}
```

Anexo 1: Código base de la aplicación ProyectoOA.

```
Punto de enlace: staticinitialization(base.<clinit>)
Punto de enlace: execution(void base.main(String[]))
Punto de enlace: get(InputStream java.lang.System.in)
Punto de enlace: call(java.io.InputStreamReader(InputStream))
Punto de enlace: call(java.io.BufferedReader(Reader))
Punto de enlace: get(PrintStream java.lang.System.out)
Punto de enlace: call(void java.io.PrintStream.println(String))
Introduzca las veces al bate:
Punto de enlace: call(String java.io.BufferedReader.readLine())
3
Punto de enlace: call(int java.lang.Integer.parseInt(String))
Punto de enlace: call(Integer java.lang.Integer.valueOf(int))
Punto de enlace: get(PrintStream java.lang.System.out)
Punto de enlace: call(void java.io.PrintStream.println(String))
Introduzca los hits conectados por el bateador:
Punto de enlace: call(String java.io.BufferedReader.readLine())
1
Punto de enlace: call(int java.lang.Integer.parseInt(String))
Punto de enlace: call(Integer java.lang.Integer.valueOf(int))
Punto de enlace: call(base())
Punto de enlace: preinitialization(base())
Punto de enlace: initialization(base())
Punto de enlace: execution(base())
Punto de enlace: call(int java.lang.Integer.intValue())
Punto de enlace: call(int java.lang.Integer.intValue())
Punto de enlace: call(int base.calc(int, int))
Punto de enlace: execution(int base.calc(int, int))  ⬅
Punto de enlace: call(Integer java.lang.Integer.valueOf(int))
Punto de enlace: get(PrintStream java.lang.System.out)
Punto de enlace: call(void java.io.PrintStream.println(Object))
333
```

Anexo 2: Posibles puntos de enlace capturados por el aspecto capturar.

www.ingramcontent.com/pod-product-compliance
Lightning Source LLC
LaVergne TN
LVHW042346060326
832902LV00006B/428